大人物小故事丛书

思想家

颜煦之◎编著

台海出版社

图书在版编目（CIP）数据

思想家 / 颜煦之编著. —北京：台海出版社，
2013. 7

（大人物的小故事丛书）

ISBN 978-7-5168-0175-8

Ⅰ．①思…Ⅲ．①颜…Ⅲ．①思想家—生平事迹—世界—青年读物 ②思想家—生平事迹—世界—少年读物
Ⅳ．①K815.1-49

中国版本图书馆CIP数据核字（2013）第133314号

思想家

编　　著：颜煦之

责任编辑：王　艳
装帧设计：视界创意　　　版式设计：钟雪亮
责任校对：向佳鑫　　　　责任印制：蔡　旭

出版发行：台海出版社
地　　址：北京市朝阳区劲松南路1号，　　邮政编码：　100021
电　　话：010－64041652（发行，邮购）
传　　真：010－84045799（总编室）
网　　址：www.taimeng.org.cn/thcbs/default.htm
E－m a i l：thcbs@126.com

经　　销：全国各地新华书店
印　　刷：北京一鑫印务有限责任公司
本书如有破损、缺页、装订错误，请与本社联系调换

开　　本：710×1000　　1/16
字　　数：150千字　　　　　　印　张：10
版　　次：2013年7月第1版　　印　次：2021年6月第3次印刷
书　　号：ISBN 978-7-5168-0175-8

定价：29.60元

目录 MU LU

编者的话

　　古往今来，世界上涌现了多少英雄豪杰、旷世奇才！他们中有的胸怀天下，保家为国，为民谋福；有的文武双全，万夫莫当，勇冠三军；有的超凡入圣，博古通今，满腹经纶；有的足智多谋，能言善辩，安邦定国；有的七步成章，著书立说，著作等身；有的多才多艺，身怀绝技，不同凡响；有的心灵手巧，创造发明，造福人类；有的学富五车，诲人不倦，为人师表；有的浪迹天涯，出生入死，敢为人先；有的忍辱负重，自力更生，艰苦创业……

　　这些出类拔萃、建有丰功伟绩并能流芳百世的人物，就是人们所景仰的政治家、军事家、思想家、外交家、文学家、艺术家、科学家、教育家、探险家、企业家……

　　这些人，在他们各自领域能取得辉煌的成就，都有各自的原因。或是勤奋好学，任劳任怨；或是克勤克俭，锲而不舍；或是谦虚谨慎，勇于探索……他们的成功，离不开他们良好的心理素质和高尚的道德品质。他们的成功，都饱含着辛勤的汗水和痛苦的泪水。他们的成功，都有一个个说不完的动人故事。

　　这些人，是能人，是强人，是名人，是巨人，是圣人，是"超人"，是伟人，是我们常说的大人物。他们不仅为后人留下数不尽的物质财富，也给我们留下无尽的精神力量。他们是人们崇拜的对象，也是人们学习的榜样。

　　人们常说，"榜样的力量是无穷的"。"近朱者赤，近墨者黑"，就是这个道理。孟母三迁，择邻而居，就是要为儿子找个好榜样。

　　这里，我们收集了10个领域里共1000多位大人物的小故事。大人物，虽是伟人、巨人，但他们也是常人，是凡人。他们也有着跟普通人一样的经历。他们有七情六欲，喜怒哀乐；他们有成功的喜悦，也有失败的痛苦；他们曾有万贯家财，也曾一贫如洗；他们曾所向无敌，也曾溃不成军；他们曾受人敬仰，也曾被人耻笑……在他们身上，有许多这样生动有趣的小故事。

这些小故事，大都以历史事实为依据，加以描写；也有以人物传记为蓝本，加以缩写；也有以新闻报道为素材，加以改编。这些小故事，有写政治家的雄才大略，也写他的大智若愚；有写军事家的视死如归，也写他的儿女情长；有写外交家的大义凛然，也写他的委曲求全；有写思想家的真知灼见，也写他的人生追求；有写艺术家的勤奋刻苦，也写他的德艺双馨；有写教育家的知识渊博，也写他的不耻下问；有写文学家的创作甘苦，也写他的奇妙构思；有写科学家的呕心沥血，也写他的失败经历；有写探险家的赴汤蹈火，也写他的胆大心细；有写企业家的仗义疏财，也写他的精打细算……

这些小故事，像一颗颗璀璨的露珠，晶莹剔透，闪闪发亮，能折射出大人物们身上夺目的光芒。这就是人格魅力！这就是人格力量！这就是我们学习的榜样。

我们写出这些大人物的小故事，把他们的精神面貌一一展示在你的面前，少年朋友们读了这些小故事，当可从中获得知识，受到启迪，明白事理，学会做人。

祝福你，少年朋友，但愿你也能成为大人物！

·管仲有先见之明·

管仲（？—公元前645年）是春秋初年的政治家，颍上人，名夷吾，字仲。先助公子纠与齐桓公争位，失败后，经鲍叔牙推荐，任齐桓公的上卿，执政40余年，广有政绩。写有《管子》86篇，这些文章充满哲理。其实管仲也算得上是位思想家。

管仲晚年病重，齐桓公急得什么似的，亲自上他家里去探病。管仲这时已是出气多，进气少，看来病入膏肓，再无救药。

齐桓公眼泪都落下来了，问道："想不到管父病得这么厉害，这叫寡人怎么办呢？管父啊，临去前，还能教导孤一点什么吗？"

管仲强睁开眼睛，用极其微弱的声音道："主公……老臣……就要去……去了……只望主公远离易……易牙、竖……竖习……常……常之巫……卫公子启……启方四人……要不，要不……主公……将来后患……后患无穷啊……"

说到这里，管仲已是喘成一团，再不开口。不久，也就离开这个纷纷扰扰的世界，去了极乐世界。

齐桓公嘴里虽然应着，心里却在想："管父临死前说的那几句话，会不会是老糊涂呀？那天我说了句玩笑话，说天下的异味，孤已尝遍，却不知人肉的味道如何，易牙听在耳里，记在心里，竟然回家将自己刚刚出生的儿子一刀宰了，烹调得香香的来孝敬寡人。有道是虎毒不食子，易牙为了我，连自己的儿子都舍得，天下哪有这样爱孤的人？竖习为了可以能进宫服侍孤，忍着剧痛挥刀自宫，成了不男不女的阉人。天下人谁不爱自身？这样的剧痛又有几个人经受得住？这样忠心的仆人即便打了灯笼哪里去找？常之巫神通广大，能驱鬼祛病，少说也是半个神仙。他又有什么过错了？再说卫公子启方，这人服侍寡人已经15年了，那年他老爹死了，他怕寡人没人照顾，竟然连回家奔丧也不去，寡人在他心目中远胜其父，这种人岂不是大好人一个？只是既然管老先生这么说，不会没有他的道理吧？寡人暂且试一试。"

回宫后，他就立马将此四人打发走了。谁知这四个马屁精不在身边，齐桓公竟然食不甘味，寝不安眠，小毛小病，连续不断。只是他平日里一直对管仲的话言听计从，事实证明管仲足智多谋、算无遗策。虽说对他临死前的话有些将信将疑，到底坚持着不叫四人再回来。这样一直坚持了足足三年。

三年中，齐桓公总像缺点儿什么似的，逐日价吃吃不香，喝喝不畅，失魂落魄，自己也不知道在干些什么。他成日价念念不忘他们四人，终于思想扭了过来。

他想："我听管父的话，赶走四人已经足足三年了，好处却半点也没看出来。会不会是他言之过甚？要知道我吃不好睡不好，这下半辈子怎么过啊？"

他心里转了弯，就再不听管仲的遗言，将那四人重新召回。于是他又回到了以前安乐的日子。可惜好日子不长，仅仅过了一年，齐桓公病了，卧床不起，那个半仙常之巫放出言来："大王将于某月某日薨。天命难违，旁人不得有违天意！"易牙、竖习、常之巫勾结起来，在齐桓公住的宫殿外筑起了高墙，严加守卫，不许任何人入内。齐桓公被关在高墙之内，本来就已病得半死不活，加上没人递饭送医，一条命十成中去了八成。

这天，一个曾经受过齐桓公好处的宫女冒着杀头的危险，从狗洞里爬进去看他。齐桓公早已饿得不行了，用蚊子叫一般的声音，对这宫女道：

"孤……孤……孤饿死了……快，快弄点吃的、喝的……喝的来……"

宫女道："大王有所不知，易牙、竖习、常之巫作乱，宫门早被钉死，宫外筑起了高墙，下女是从狗洞里爬进来的，哪里去弄吃的喝的呀？"

齐桓公兀自不太相信，道："那么……那么，孤的亲信公子启方……启方上哪儿去了？为什么不来救孤？"

宫女道："启方早已带了40个亲信自顾自回卫国去了。"

齐桓公这时才记起管仲的话，悔不当初，叹气道："管圣人目光远大，孤死后怎么有颜面去见他啊！"说完，用衣掩脸，一口气再上不来，就此死了。

齐桓公死后三个月没人安葬，以致吃他尸体的蛆虫一直爬到宫外来了。

·何谓"公"·

　　春秋时代，晋平公（公元前557-公元前532年在位）为晋国国君时，手下有一个名叫祁黄羊的大夫。

　　祁黄羊是一个生性豪逸、耽书嗜饮、经学渊深、品质纯粹的人，只是性情高傲，避俗如仇。

　　这天晋平公得到报告，说南阳（今河南修武一带）的邑令得了一种无名恶疾，心里直似包着一层寒冰，从骨髓里冒凉气。冷过一会儿，又觉通身火炙，心里仍是冰凉，难受已极，口张不开。三天后，但感身子发飘。由于发汗太多，周身作痛，四肢绵软，口胃不开。又过了几天，竟然一命归西去了。南阳没了邑令，属下官员不知所措，没有几天工夫所属地区盗贼群起，百姓惶惶不安。

　　晋平公急欲派人去那里担任邑令，又怕挑选不慎，误将不合适的人派去，更是麻烦，急得他在屋里踱来踱去，拿不定主意。

　　正好祁黄羊来报告一件事，晋平公心中大喜，道："祁大夫来得正好，寡人正有一事难决，要向大夫请教。"

　　祁黄羊道："大王容臣猜上一猜如何？"

　　晋平公道："大夫能猜出寡人所想的事？您且说来听听！"

　　祁黄羊道："南阳近日死了邑令，听说属下百官无所适从。大王是想物色一位称职的邑令吧？"

　　晋平公一拍手掌，叫道："祁大夫果然猜得好，寡人正为此事犯愁。祁大夫有合适的人吗？"

　　祁黄羊脸色沉重，道："下臣已经替大王想了几天了。在臣看来，最最合适的，莫过于解狐了。此人学业勤进，办事果断，必成大器，岂如浅陋浮薄之徒可比？"

晋平公一愣，道："寡人也知道解狐其人。只是大夫为什么会推荐他？"

祁黄羊道："下臣为什么推荐不得？"

晋平公神色暧昧地说："寡人久闻大夫之父由于解狐而死，寡人不说他与你家有杀父之仇，至少……至少……大夫不会对他有什么好感吧？"

祁黄羊道："大王言之有理。解家自与臣家关系不好。然而，解狐与下臣家关系不好，与治理南阳却是两码事。大王是问臣谁去治理南阳最好，没问下臣与解家有没有仇。"

晋平公道："如此说来，祁大夫要与解家和解了？"

祁黄羊道："这也未必。"

晋平公点头道："言之有理。寡人就听大夫的。"

他嘴里这么说，心里多少还有一点不信，一面派解狐去南阳，一面派人去南阳看看，到底解狐胜任不胜任。结果发现解狐一到南阳，立即严明纪律，查办犯罪，约束下属，一切办得井井有条。派去的人回来向晋平公报告，晋平公这才佩服祁黄羊的眼光。

又一次，晋平公要派一位官员管理军事。军事事关国家存亡，晋平公岂敢轻易调派？想来想去，他决定不下来。后来想起上次推荐解狐的事，于是马上派人叫祁黄羊来。

晋平公对祁黄羊道："上次大夫推荐解狐的效果很好。如今国内缺了一个尉，大夫看派什么人最适宜？"

祁黄羊道："容臣思考两天再回答，如何？"

两天后，祁黄羊来报告："臣看祁午这人最适宜。"

晋平公瞪大了眼睛，道："你是说祁午？他……他不是大夫的儿子吗？"

祁黄羊道："正是。但是这与大王的问话有什么关系？大王只问谁最适合担任尉这一职，未问这人该是我的什么人。"

晋平公摇摇头，笑道："我的老毛病又犯了，祁大夫言之有理。"

过了一段时间，晋平公发现祁黄羊的儿子祁午果然有胆有识，不但管理得好，而且军威日盛。

孔子听到这件事后说："善哉，祁黄羊之论也！外举不避仇，内举不避子，祁黄羊可谓公矣。"

意思是说，祁黄羊的看法是多么好呀！对外人，他不因为是自家的仇人而不推荐；对自己人，不因为是自己的儿子怕人说三道四而不推荐。祁黄羊真是秉公办事啊。

秉公办事，这是多高的思想境界啊！

·西门子的比喻·

春秋时代，江苏一带为吴国。吴王寿梦（公元前585-公元前561年在位）掌权时期，吴国十分强大。一个人有了钱有了势，而无自知之明，很容易发昏；一个国家强大而无自知之明也照样发昏。这时的吴王也免不了患了这个毛病。他一时心血来潮，打算去攻打楚国。他当时一门心思盘算着打下楚国会有多少好处，忘了平白打仗会造成什么恶果。

当时大臣们都已看出了问题，他们劝谏吴王小心从事，不要盲目发动战争。头几次吴王也敷衍着听上几句，后来不耐烦起来，索性下了一道死命令："谁若再不识相，唠唠叨叨说个没完，一律腰斩处死！"

人的命只有一条，谁不怕死？胡乱攻打楚国后果固然严重，但毕竟没有自己那条命来得重要，思来想去，大伙儿也就噤若寒蝉，都不开声了。

于是吴王就准备兵马、粮草，就等一切就绪，然后发兵。

吴王身边有位复姓西门的侍卫，他虽也看出这次吴王在干蠢事，但他身为侍卫，平日的职责只是保卫君主的安危，劝谏压根儿不是他的事情，也没有他的份儿；再说，还有吴王那道死命令，毕竟命只有一条啊。有一天，他无事可做，便去御花园里解闷。

西门子手里提着一副弹弓，想在树林中打几只雀儿。这时天色还早，草丛中满是露水。

一只知了已经开始它的早功课，"知了！知了！知了"不停地聒噪。西门子心里想："可惜我手头没有一根上好的粘竿，要不，粘它几只，也好博得小王子们的高兴。"

循着知了声一看，啊，密密麻麻的树阴中，知了停得非常高，即使两丈长的竿子怕也粘不到它。西门子心里有些失望。

突然，嗯，它的背后是什么东西？西门子年纪轻，目光尖，天啊，锐喙劲足，铁背金头，这不是一只螳螂吗？只见它正贴着身子，弓着腿，悄悄到了知了身后，打算趁它不备，用双钳夹住它，美美地吃一顿。

就在螳螂小心翼翼掩住知了的当儿，不提防它的背后，一只小小的黄雀儿，正悄没声儿地飞来。这黄雀儿黄羽翩翩，目射金光，顾盼非常，甚是矫捷。它来此的目的只有一个，一口叼了这只肥肥大大的螳螂。

西门子见它轻轻一跃，已近螳螂，眼看就要落嘴，忙不迭操起弹弓，伸手张弦，"噗"的一声，这黄雀儿被击个正着，一个倒栽葱，落下地来。螳螂一惊，急忙蹦跳开去，那知了也"嘟"的一声飞走了。

西门子捡了黄雀儿，走出园子。突然一个声音喊他："喂，你在干吗？"定睛一看，原来是吴王独自一个，背着手站在亭子里。

西门子跑上两步，躬身行礼，道："小人给大王请安！"

吴王道："瞧你裤脚整个儿湿透了，你一大早在做什么呀？"

西门子灵机一动，笑着说道："啊呀，裤子果然湿透了。说来有趣，刚才小人在后园子里，看见一只知了正非常得意地叫，谁知它的背后一只螳螂掩上来想吞掉它；螳螂只顾自己的猎获对象，不防身后一只黄雀已经悄悄飞来要啄它，小人只顾用弹弓打黄雀，不想裤脚已被露水打湿了。我们都是只顾前面，谁也不曾想背后的灾难在等待着自己。"

吴王已经听出西门子话里有话，他毕竟不是傻瓜。他心想，他们都反对我攻打楚国，是啊，如果我去攻打楚国，别的国家是不是还想打我呢?

他嘴里却只淡淡地说了一句："是呀，你言之有理。"

回宫后，吴王下令停止攻打楚国。

西门子具有哲学家的头脑，他的这一生动比喻，富有哲理性，所以一直流传至今。

·宥座之器·

孔丘（公元前551—公元前479年），字仲尼，山东曲阜人，春秋末年思想家、教育家，儒家创始人。后人尊之为孔子。

孔子从小读书就十分用功。他最崇拜的就是周朝初年的周公，对礼节特别精通。不到30岁，他已学会了当时读书人应该学的礼节、音乐、射箭、驾车、书写和计算，即"六艺"。

成名之后，他还是十分好学好问。

一般来说，好学较为容易做到，好问就颇不容易。这是因为，"问"牵涉到一个面子问题。动不动要问人家，人家会不会把你看做一个什么也不懂的土包子，或者是个大门不出二门不进的懒汉啊？可是孔子自有他的观点。他说"三人行，必有我师焉"，又说"每事问"。可见他是很善于吸取他人的知识的。难怪人称"学问"，一个"学"，一个"问"，是很有道理的。

有一次，他与几个弟子在鲁国的开国君王的庙（太庙）里参观，遇到陌生的事物，总是虚心地向人请教。

当时边上正好有一个长大胡子的中年汉子，认出他是孔子，很是瞧不起他，故意大着嗓门说道："这人不就是叔梁纥的儿子孔丘吗？天晓得竟会有人称赞他懂礼呢。我看他东问西求教的架势，就像一个什么也不懂的乡巴佬儿。那天他在鲁桓公的庙里不也是连管庙的糟老头子也当做先生向他请教吗？"

那几个跟在孔子身后的弟子听了很不是味道，尤其是那个比孔子小9岁的子路，是个鲁莽勇武的角色，恨不得拔出拳头来上前去教训那人一顿。

孔子也听到了，连忙一手拉住了他，只是微微一笑道："瞧他说的。他哪里知道，不懂就问，正是礼呀。"

那么，他在鲁桓公庙里向人求教的事，确是事实吗？弟子们询问的目光早已道出了这个疑问。

其实，这件事是有的，孔子压根儿没有讳忌。

那天孔子进鲁桓公宗庙去参观，看见一个架子上挂着一个中间肚子大、上端口稍大、下端底小的水罐。这东西不好置物，只好盛水，看来是个水罐。只是……一个水罐白挂在庙里做什么呀？

他从没见过这种水罐，就向看守庙的老公公深深作了一个揖，问道："请问老先生，这是什么东西？"

守庙人还礼道："先生不必客气，这是欹器。"

"欹器，欹器，欹者，倾斜也……"孔子猛然记起来道，"多谢您，我记起来了，我听人说过，这又叫宥座之器。"

那守庙人瞪大了眼睛，道："是吗？您说它又叫什么来着？"

孔子道："欹器，又叫宥座之器。"

"哪个'有坐'？"

"不是'有坐'，是'宥座'。宝盖头下面的一个有字的'宥'，座位的'座'。"

那守庙人也是位颇有见识的人，问道：'宥座'是放在座位边作座右铭的意思。这么说来，它是放着提醒人，教人道德修养的好东西了？这东西虽然挂在这里多年，老夫只知道它叫'欹器'，却一直不知道它的用处，还请先生赐教一二。"

孔子道："赐教不敢，我也是听人说过。这欹器里没水的时候，它就要侧过一边；装上半罐水，正好挂平；若是装满了，它就会翻倒过来，将水洒得一滴不剩。它比喻着人们的学习求知：如果不肯学习，人就办事不正；学会自满，就会招来祸患；只有努力学习而又毫不自满，这才恰到好处。人们就是拿它当座右铭的呀！"

守庙人听了得益匪浅，着实谢了孔子。

其实，孔子就是像欹器一般虚心好学，才创建了儒家学派，成了一代大学者、大思想家。

·孔子误解·

　　有一段时间，孔子带领学生周游列国，希望能推行他的以"仁"为核心的学说。

　　当他走到陈国与蔡国之间，被人家包围住了，不让走，结果七天七夜没好生吃上一顿。干粮吃完了不说，最后连野菜汤也喝不上了。

　　孔子和他的这些弟子，几十个人，个个饿得寸步难行。开始时大家还摘些野果，打些小野兽勉强过日子，到后来连这些东西也弄不到手，个个东倒西歪地倒在地上，真不知道怎么办才好。

　　幸好颜回脑子活络，他见这样下去不是个路，再两天三天下来，不饿死几个才怪呢，于是偷偷钻了出去，到村后去讨米。总算遇到一个好心人，给了他一小袋米。

　　颜回大喜，将一小袋米塞在衣襟下，趁着天黑，偷偷摸摸赶快回来，附着大伙的耳朵说了。大家高兴得不得了，一起动手，找水刷锅，架灶生火，烧起饭来。

　　孔子虽是个圣人，说到底也是个有血有肉的凡人，饿了这么些日子如何不饥？见有了点米，心中按捺不住喜悦，只是表面上不便显得急吼吼的，只是远远地看着颜回等人烧饭。

　　只见那三五个学生，在颜回的带领下，虽然人人早已有气无力，见到米也精神异常，人人手脚麻利，动作熟练。不一会儿，锅上已经炊烟缭绕，白雾冉冉，饭香已经搅得人人垂涎欲滴。

　　猛地，孔子看见颜回身子背着他，用一只木匙舀起半匙饭来，犹豫了一下，然后轻轻吹凉了，一下送进嘴里，瞧那模样，像是吃得津津有味似的。

孔子先是愣了一下，然后摇摇头，心想："唉，人不可貌相。颜回这小子平日是我最钟爱的弟子，要多规矩有多规矩，可到紧要关头，再不将老师放在眼里，连煮熟饭先敬老师也丢在脑后了。"

他想教训他几句，但又不便当面给他难堪。他想啊想啊，想出一个主意来。

过了一会儿，颜回叫道："先生，饭烧好了，快快吃饭了！"说着，盛了一碗恭恭敬敬送上。

就在颜回端饭给他的时候，孔子故意说："颜回呀，多谢你了。今天总算有口饭可以充饥了。不过，昨天夜里，我梦见了先父，见他面黄肌瘦，想来阴间的日子也不容易，若是这饭干净的话，你看，我先祭奠一下先父，让他一解饥饿之苦，如何？"

颜回连忙摇手，说："哎呀，不行不行，这饭已经算不上干净，先生。这饭在煮前就已是杂米，那送米的是户穷人家，自己也没有多少米，是他从桶里缸里搜刮来的，糠啊米啊混在一起加上煮的时候因为锅盖不合缝，烧的油松火力极猛，烟灰落了进去，弄脏了饭，我怕扔了对不起天地，就连饭带烟灰吃了下去。"

孔子听了叹口气说："可惜，可惜，这么说来，我要祭奠先父的主张只好暂时缓一缓了。"

但是孔子毕竟不愧为"圣人"，多少有些自我检讨的精神。

他对自己的以小人之心度君子之腹感到惭愧，饭后，他一个人背着手在帐篷外踱步，边走边暗自想："哎，俗语说，耳听为虚，眼见为实。其实眼见也不一定为实呀。刚才我看见颜回背着人在吃饭，还以为他心地不纯呢，差点儿冤枉了他。"

过了一会儿，他的心里兀自不安，就索性将学生们叫到一起，将自己刚才的疑心和惭愧说了一遍，最后才说："要了解一个人可真不容易呀，以后遇到这类事，务必多多小心啊！"

·驼背老儿抓知了·

一次，孔子带几个弟子去楚国。那时的交通很不发达，走路要靠自己的两条腿，能坐上颠颠簸簸的牛车就已经很幸运了。

时正值当夏，夕阳新霁，晴虹丽天，四围山色，苍润欲滴。知了之声，此起彼伏，与远近松涛泉瀑相应，汇为天籁。一阵清风过处，碧枝摇舞，杂花乱飞，起伏如浪。遥望山外平坡浅垄中，时有二三牧童叱犊归去，出没斜阳丛树之间，笠影鞭丝，宛然如画。

孔子与弟子们走得乏了，正坐在树林边上纳凉。

突然子路"咦"了一声，手一指，众人不由转向树林深处。只见一位驼背老儿，正在抓知了呢。

这驼背老儿五短身材，生得长眉秀目，面白如玉，稀落落三缕胡须，长垂飘胸；一身葛巾野服，芒鞋布袜，净无纤尘，直似画中人物。虽说背驼得犹如大弓一张，却没有半点猥琐的神情。

他手里拿着一根粗如鸡蛋的竹竿，竿头装一大如铜镜的圆竹圈儿，圈中布满了黏黏的蜘蛛网。只见他脚底稳稳走路，眼睛上瞟知了，见一只抓一只，只需手上竹竿一抬，便将躲得深深的知了一一抓在网里，直似摘树叶一般容易。

弟子们个个看得目瞪口呆，拿眼睛直瞟孔子，意思明摆着，希望老师能说出几分道理来。

孔子本人也看得惊讶异常，心里不由起了一阵深深的敬意。

等那老人走近了，孔子站起身来，深深一揖，道："老先生抓得一手好知了，手艺真巧啊！能谈谈你的经验吗？"

那驼背老儿见孔子不像是个凡夫俗子，回了一揖，放下粘竿，擦了擦汗。

子路忙不迭搬来一块大石头给他，请他坐下。

孔子道："老先生歇歇再说，先喝口水！"

老人接过孔子递上的水，喝了两口，抹抹嘴，缓缓说道："先生若对粘知了有兴趣，小老可以说给各位。"

众弟子齐声道："正要向老先生请教。"

子路道："且慢。老人家能将粘竿借小子一借，让小子试一试吗？"

老人笑着点点头。

子路拿起粘竿，蹑手蹑脚走近知了声叫得很猛的地方，盯住其中一只，猛一抬竿，谁知竿子未近，那知了早已"嘟"一下飞走了。子路连试五次，竟然一只也抓不住。众弟子见子路抓得笨拙，一齐笑了起来。

子路这才恭恭敬敬将粘竿还给老人，坐下来听老人说话。

那老人道："若要练得小老这般技艺，首先得练手劲。先将竹竿直竖向上，擎在手里，若能半个时辰神定气闲，手不发抖，那，你是成功了一分了。"

颜回笑道："才一分啊？这比读书念经还难啊。"

老人继续往下说："然后竹竿上顶一颗泥弹，竹竿笔直擎在手里，一动也不能动，就如那泥弹长在竹竿上一般。"

子路道："这回有八分了吧？"

老人笑道："还不到八分，三分却有了。然后顶两颗泥弹、三颗泥弹、四颗泥弹，直到五颗泥弹一颗接一颗地顶在竹竿上，手不发抖，目不斜视，心无旁骛，这才练到了十分。到了这个时候，我这身子站着，恰如一根树桩一般，泼天大风来也吹不得我身子稍摇一摇；天地虽大，万物虽多，可我心里只留心知了的翅膀。只有到了这时候，我拿起粘竿来，说粘就粘，手到擒来，就万无一失了。"

孔子听了，沉默了好久，然后才转过头来对弟子道："你们听见了，集中精力，毫不分散，这，就是成功的保障。你们好好记住了！"

·孔子问周礼·

据说孔子曾到京都洛邑，向老子请教周礼。

孔子是小辈，到洛邑之后，不论去见苌弘学音乐，还是去见老子，都是为了虚心学习一些保留在京都的周礼的内容。所以，当他与老子见面之后，立即开门见山，提出了跟他学周礼的请求。

老子抬起头来，盯了坐在对面的年轻人一眼，不紧不慢地说："你讲的那些东西，说过的人跟他们的骨头一齐烂掉了，只是他们的话还留在人们耳际。再提起它们，恐怕没有多大意思了。我听说，出色的商人把自己的钱财秘密地藏好，好像一位穷人一般；贤能聪慧的有德君子，他的外表看起来像一位愚蠢的人一般。还是丢弃你的那些骄气和不切实际的欲望吧，那些东西只会对你有伤害。我能告诉你的，就这些了。"

周礼谈不成，孔子只能把话题转到其他方面。好在年长的智者肚子里总有倒不完的奇事轶闻，有好多睿智的话语，孔子倒也受益匪浅。老子认为这世界是由"道"组成的，它既是山川河流有形之物，又是生成万物之祖，看不见，摸不着，又无所不在。孔子对此只是姑妄听之，他不喜欢说不清的东西。

但是，当老子讲到世上万物互相依存，又互相对立、互相转化、"祸福"相倚相生时，孔子不觉对他产生了莫大的敬意，觉得老子对世事的观察确实深刻，非常发人深省。至于说老子主张无为，要与人老死不相往来，孔子当然不敢苟同。不过等到孔子出游14年，到处碰壁回到鲁国之后，就淡泊名利、提倡与大自然融为一体了，那里边似乎可以看到老子思想的影响。

在老子那里，孔子看了许许多多的典籍，听到许许多多新颖、精辟的观点。终于要分手了，老子再一次给孔子以警告："我听说，富贵者拿财物送人，仁德者以有益的话送人。我不是富贵者，就冒充一下仁德者吧。聪明深察的人容易接近死亡，因为他喜欢议论是非；雄辩博学的人危及自身，因为他喜欢揭发别人的坏处。所以，做人的儿子心中不要有自己，做人的臣子也不要有自己。"

半路上，随行的人问孔子，这老子最后的几句话究竟是什么意思。孔子叹了一口气，又考虑再三，才说了一段意味深长的话："鸟儿，我知道它能在天上飞；鱼儿，我知道它能在水中游；野兽，我知道它能在地上跑。在地上跑的，能用网把它逮住；在水中游的，能用竿把它钓着；在天上飞的，能用弓箭把它射下来。只有龙，我不知道它是怎么样驭风驾云、遨游青天的，我见到的这位老人，大概和龙是一样的吧！"

·墨子与"非攻"·

大约在孔子去世以后几年，宋国的工匠中间，出生了一位名叫墨翟的人，他是墨家学说的创始人，他的学说，许多是跟孔子针锋相对的。孔子提倡"仁"，是说君子中间虽然也有不仁之人，但可以通过克己复礼达到仁者的境界。小人中间却从来没有仁者，他说的"仁者爱人"当然不会包括"小人"在内。而墨翟主张"兼爱"，由"兼爱"而发展为"非攻"，也就是反对侵略战争。在战火连绵的战国时代，能提出这样的口号，是有一定进步意义的，却实在无法实现。于是，墨子组织了自己的信徒，到处游说各国君主，希望他们放弃好战的立场，并且尽量帮助被侵略的国家抵抗强敌的进攻。

公元前446年左右，正是战国初期。楚惠王平定国内叛乱，休养生息几十年以后，想重新收复楚国的霸权。他重用一位能工巧匠——鲁国的公输般，制造了一批攻城的器械，要去攻打春秋时五霸之一、当时已经弱小了的宋国。事先，楚惠王已在蔡国做过实验，把蔡国灭了，因此他踌躇满志，认为这一仗一定能够打赢。

墨子听说宋国有难，便风尘仆仆，奔走了十天十夜，来到楚国的都城郢都，求见公输般。见面之后，墨子立即提出，要公输般不帮着楚惠王攻打宋国，可是公输般满脸尴尬：他已经答应了楚惠王，没有办法改变这状况了。墨子便要公输般带他去见惠王，由他直接劝惠王罢战，收回进攻宋国的成命。

一见面，墨子就对楚惠王说："我们那儿有个人，自己明明穿着绣着花的绸衣，却偏偏要去偷穷人的短裤子；明明有华贵的车马，还要盯着别人的破牛车。大王觉得这人是不是有毛病？"

　　楚惠王说这人一定是偷窃上了瘾。墨子接着说："现在大王有方圆五千里的国土，地大物博，宋国只有五百里方圆的土地，又穷又弱，大王为什么还要去攻打它呢？"墨子是研究逻辑学的中华第一人，他在这里就用了自己最拿手的类比推理的办法，楚惠王哪里是他的对手？只得支支吾吾说，既然公输般已给他打造了这么多攻城器械，他总得试上一试吧。

　　"那好。"墨子直截了当地说，"大王让公输般攻城，我来守城，看谁能赢得胜利。"当场把系在腰间的带子解下来，放在桌上当城墙，又取几块木片当攻城和守城的器械，跟公输般对坐两侧，比画起城池的攻守战来。

　　楚惠王看着他们一攻一守，倒也蛮紧张。过了一会儿，公输般开始紧张起来，看来他的攻城器械遇上了克星。到最后，公输般用尽了手中的木片，而墨子却还有好几种守城办法没施展开来。公输般心里不服气，站起来说："我总有办法对付你的，不过我现在不说。"墨子笑起来，回答他说："我当然知道你会用什么办法对付我，不过我也不说。"

　　这一下，楚惠王可堕入了五里雾中，不知道他们两个在打什么哑谜。还是墨子干脆，他对楚惠王说："公输般不肯说他的办法，其实那意思很清楚。他是想劝大王把我杀了。宋国人没有了我守城的办法，就无法抵御他的进攻了。好在我到这里来的时候，我的徒弟滑厘已带了300个人到了宋国，他们现在恐怕已准备好了守城的用具，杀了我也没用。"

　　楚惠王想想自己实在没把握远征宋国，只得下令停止向宋国进攻。作为战国时期的哲学家，墨子充分运用了自己创造的逻辑学知识以及强有力的守城工具，实现了自己"非攻"的政治原则，体现了"兼爱"的思想。

·活到老学到老·

这是公元前536年前后的事了。这天，晋平公刚刚走出寝宫，突然，一阵优美的乐声从一座房子里传出来，晋王不由得停下脚步，静静地站在屋外聆听。

这是有人在弹奏古琴。那人轻舒手臂，斜飞手指，拨动冰弦。初疑鹤唳，继讶猿啼。忽缓若疏风，忽急如骤雨。再拨再弹，而音韵凄婉，声律悠扬，实在是悦耳动听。

晋平公侧耳倾听，狂喜不已，但直弹至琴声停歇，晋王才挪动脚步，朝屋里走去。

弹琴的人是宫里的乐师师旷。其实，这位双目失明的老人不仅琴弹得好，还是个深明事理、很有思想的人。

晋平公刚跨进门槛，师旷已经站起身来，双手行礼，恭恭敬敬说道："来的是大王吧？臣有礼了。"

晋平公道："老乐师免礼。如果寡人没有听错的话，刚才您弹奏的是《阳春白雪》吧？"

师旷道："大王音乐上又有长进了。下臣弹的正是《阳春白雪》。大王若能不断学习，音乐上还会长一大截呢。"

晋平公叹口气，道："爱卿所言极是。只是……唉！"

师旷道："大王为何叹气？有什么不如意的事情吗？"

晋平公道："谁不想学习啊？只是寡人如今已经这个年纪了……"

"记得大王比之老臣，似乎还年轻几岁，不是吗？"

"正是，寡人已经满七十了，来日无多，恐怕要学也已晚了啊！"

师旷一本正经道："晚了？那么大王为什么不点蜡烛呢？"

晋平公不高兴道："我说晚是指年岁大了，不是说天色晚了。哪有身为臣子的戏弄君主的呢？"

师旷道："瞎眼老臣岂敢戏弄大王？老臣是顺着大王的意思在说呢。"

"是吗？爱卿想说什么呀？"

师旷道："老臣的意思，年轻人努力学习，犹如旭日东升，喷薄而出，光芒万丈。"

"是呀，青年就像朝阳，在东方海天相接处出现，渐现渐大。及至现出半轮，又似一个金馒头，浮沉在碧天尽头海波之上。然后现出全形，变成一个极大的金轮，离水而升，红光万道，上映晴空，下照碧海，半天文霞散绮，丽景流光。绚烂雄伟，莫与伦比。那么壮年人学习呢？他们应该是猛日头当午，热辣辣的啰？"

"大王所言极是。"

晋平公抬起头遥望着天空，说："这个时候，其赤如火，焕彩腾辉，照得江面千里金波，分外壮丽。那么老年呢？卿的意思……意思是……"

"老臣的意思是如同点亮的烛光。"

"烛光与太阳不能同日而语，卿的意思孤还是不懂。"

"老臣的意思是年老时喜欢学习，犹如点亮的烛光。有了明亮的烛光，比起摸黑走夜路，又当如何？"

晋平公叹息道："爱卿说得多好啊。孤虽年已七十，还是可以努力学习的。来，传我弹琴的技艺吧。"

弹琴一方面是为了欣赏，更重要的是为了提高自身的修养。别看它似乎与别的无关，其实它也在教人做人呢。

师旷教得很认真。教完之后，他对晋平公说："大王恕老臣多嘴，学琴是学习，学别的东西也是学习，务请大王活到老学到老吧。"

这位音乐大师充满哲理的话，一直流传至今。

·不辱使命的晏婴·

晏婴（？—公元前500年）是春秋时期著名的外交家、思想家，著有《晏子春秋》一书。

晏婴的长相不怎么样，五短身材，高不及四尺，疏髯阔额，颔下一丛羊须。由于身材短小，因此看上去有些猥琐。然而人不可貌相，海水不可斗量，他的内治外交都是很有成绩的。

一次齐王派他出任大使，到楚国去与楚王商量一件事。楚齐二国本来就是冤家对头，楚王听说晏婴要来，就想给他点颜色看看。

晏婴一路上风餐露宿，终于到了楚国国都城下。只见城门紧闭，城上几个官员探头探脑在张望。见晏婴到来，便敲起锣鼓。但打开的不是城门，而是城门边上的一扇小门。里面一弯腰，钻出三个负责接待的官员来。

只见他们嬉皮笑脸地齐声叫道："欢迎齐国晏大人光临敝国。请！"

说着，朝着矮门将手一摊，意思是让晏婴从这矮门进去。明摆着，矮门是临时建造起来的，为的就是要讽刺晏婴个头矮小。

晏婴早已明白他们的坏主意，他缓缓说道："请问诸位，这里是堂堂楚国，还是区区狗国？"

齐国官员道："晏大人此话从哪里说起？这里正是堂堂大国——楚国。晏大人从未出过门吗？天下哪来的狗国？"

晏婴道："原来如此！不过，我们齐国的使臣有个规矩，凡是去狗国的就走狗门；若是要进大国，岂可打狗门里爬进去？"

三位官员眼见若是坚持要晏婴从小门里进去，那就不得不承认自己楚国是狗国了，只好打开城门，迎他进去。

楚王一计不成，马上来了二计。看见晏婴，他便大声问道："来的是晏婴晏大人吗？想来齐国弹丸小地，人才短缺吧？"

晏婴道："齐国光是临淄就有大街300条，那里人多得挥汗成雨，张袖成荫，何谓无人？"

楚王阴阳怪气地问："既然齐国是堂堂大国，怎么派出个四尺侏儒来担当公使？"

晏婴应声道："大王，敝国有个规矩，上等好臣去好国担当使臣；下等笨伯，派往下流国家担当使臣。在下既笨且蠢，百无一能，这才被派往楚国充当使臣来了。"

楚王吃了晏婴的一顿抢白，脸上红一阵青一阵的，因为是自讨没趣，自然无话可说，不过心里到底不服，左手偷偷一挥，让下人再来一则更绝的讥讽。

不一会儿，两个公差押了一个犯人从堂下走过，那人一张黑脸，浓眉鹰鼻，暴眼阔口，显得丑怪狰狞，令人厌恶。

楚王喝道："这是什么人？犯了什么罪？"

押解公差大声回答："禀告大王，他是齐人，专门偷盗良善百姓的财物。"

楚王转向晏婴道："原来是齐人。请问晏大人，齐国专出盗贼吗？"

晏婴微微一笑，道："不知大王可曾听说，江南本来有种橘树，其果皮薄味甜，清香可口，只是一种到江北去，就变成皮厚味酸的枳树了，别说人不吃，就连鸟儿也不碰它。那齐国人在齐国的时候，受了世传的好风气的影响，从小勤劳忠厚，一到了楚国便变得盗抢偷窃样样都来，不会是楚国的恶劣民风所致吧？"

楚王长叹一口气，道："晏大人不要生气，寡人原想侮辱大人一番，不想自取其辱。寡人以后再不敢羞辱任何齐国人了。"

·嗜鱼的公仪休·

春秋时，鲁国有位相国，复姓公仪，名休。这人眉目清秀，举止大方。自他担任相国以来，鲁国国泰民安。国君信任他，百姓敬仰他。

公仪休自小酷爱吃鱼，三餐顿顿离不开鱼，不论大鱼小鱼，只要是水里游的，只要带着鱼腥味儿，带着一个"鱼"字，他几乎件件爱吃。餐桌上如果少了鱼，他就食不下咽，毫无胃口。

他喜欢食鱼，那么鱼从哪里来？一是买来，二是自家去抓。他自小学得一手抓鱼的技艺：钓、摸、网……只是从来不吃别人送的鱼。做大官以前，是自抓得多；当上相国以后，工作一忙，当然是买得多了。至于为什么不吃人家送的鱼，他自有道理。

这里说的是他当了相国后的事情了。

一天，一位姓徐的大商人，为感谢公仪休帮助他洗清了一件冤案，拉着公仪休上他家里坐坐。时到中午，搬出一桌鱼宴来。

这是一桌极其考究的上等江苏鱼宴，上的菜，件件带鱼，看来，他早已摸熟了公仪休好鱼的脾性。

公仪休长年吃的是鲁鱼，怎么不想尝尝江苏鱼餐？只是他一脸的笑容，站在桌旁，嗅得鼻子"哧哧"作响，道："承蒙徐先生瞧得起，为我做了满满一桌苏菜，菜中碗碗不缺我喜爱的鱼，只是我却不能吃您的鱼。一是因为我是鲁相，为民办事是我的本分；二来我也是为了将来天天有鱼吃。"

说完，倒退着走出徐家，带着与他同去的弟子子常，回家去了。

回到家里，正遇到厨娘在与人争吵什么，细细一听，原来是他的一位同僚，派人送来许多的鱼，厨娘知道公仪休的脾气，坚决让来人将鱼拿回去。

公仪休一到，便让弟子子常与自己一齐动手，将上好的鲜鱼搬上车，笑着对来人道："回复你家主子，就说我公仪休十分感激，只是为了将来有鱼吃，今天的鱼却是万万收不得。"送鱼的见他态度坚决，只好怏怏地回去了。

送鱼和请吃的事几乎天天都有，公仪休总是同样的回答：为了将来有鱼吃，今天的鱼却是万万吃不得。

子常听得多了，道："先生，区区几尾鱼，身为相国，实在算不了什么。先生为何总是这样回答呢？"

公仪休道："子常听着：现在我是相国，俸禄甚高，天天吃鱼不用犯愁；若是贪吃人家的鱼，贪心一起，由小及大，成了个贪官，相国就当不成了。那时候，就是想自己去抓来吃，年纪大了，没有力气。只要我相国当得好，将来退休之后，仍有俸禄可以买鱼吃啊。"

公仪休不为小利而失去大利。他的为人和为官之道都是值得人们称颂的。

·相马之术·

古代没有汽车火车，交通工具靠的是牛和马，当然还有驴啊骡子什么的，但是以马速度最快、最好使，所以当时人特别看重马。马有好有坏，一时又看不出来，于是出现了相马的人。

提起相马的人，不得不提伯乐。伯乐是春秋时代的相马家，他有一位徒弟，名叫九方皋。

相马在当时是一门学问，而称得上"专家"的人，也就他们二位了。

且说秦穆公想起伯乐为他挑选的几匹马，个个不同凡响，心存感激。这一天秦穆公又将伯乐请来，笑道："老先生为寡人所选的马，日行千里，夜行八百，实在是好啊。只是那些马已经有年头了，老先生能否再为寡人挑选几匹？"

伯乐笑道："多谢大王瞧得起，小老也很愿意为大王效劳，只可惜小老精力不济，挑选马匹的事，已经不能胜任了。"

秦穆王道："寡人知道选马这事非常辛劳。不过听说老先生生有一子，令郎难道不能子承父业吗？"

伯乐道："不怕大王见笑，我那儿子又笨又蠢，实在没法儿教他。不过在下有位徒弟名叫九方皋，可以一试。"

秦穆王道："老先生的徒弟一定错不了。"

九方皋的长相非常一般，秦穆王有点瞧不上眼，但既是伯乐的徒弟，想必总有几分真本事，于是给了他不少路费，让他上路相马去了。

三个月后，九方皋风尘仆仆地回来了。

秦王道："先生辛苦。马相着了吗？"

九方皋乐呵呵地说："找着了，找着了！"

秦王道："是匹怎样的马呀？"

九方皋道："是匹黄色的母马，就在沙丘那地方。他要九金（当时的货币，即一斤以铜为主的合金），小的没带足钱，马主人不肯便宜，小的只好回来了。"

秦王道："钱是小意思。既是好马，就给主人十金吧。先生在马身上做记号了吗？"

九方皋道："记号当然做了，在下偷偷在马屁股上剪了这么一个形状，您派人去，拿这纸样一对照，便不会错了。"说完递给秦王一个纸样。

几天后马被带了回来。

秦王一看，是匹黑色的公马。据派去的人说，马主人早已等在那里，马屁股上的记号也与纸样一模一样。

秦王叫来九方皋，道："先生说的是这匹马吗？"

九方皋见了这马高兴得不得了，一把抱住它，喜得眼泪都掉下来了："正是，正是，一点没错！"

秦王不高兴道："记得先生说的是一匹黄色母马，怎么带回来的是一匹黑色的公马呢？难道是派去的人弄错了？"

九方皋道："错不了，就是它！"

秦王私下里请来伯乐，问道："老先生，您那位徒弟办事甚是蹊跷。他说是一匹黄色母马，结果带回来的是匹黑色公马，这是怎么一回事？"

伯乐亲自去马厩里看了看那匹马，果然是匹千里马。伯乐道："大王不要生气，这正是他比小老强的地方。他是只看马的气质，而不看马的表面啊。啊，人才！人才！小老有这样一位弟子，就不负这一生了。"

这黑马自头至尾，足有一丈长短，自蹄至背，高约八尺，眼如铜铃，耳小蹄圆，尾轻胸阔，果然是匹好马。

任何事都应看本质，不能光看表面啊。

·怀疑一切的庄子·

公元前约369年，宋国的蒙地出生了一位名叫庄周的人，他生活贫困，靠打草鞋等手艺维持生计，后来曾经当过漆园吏，管理漆树园，也是一个小得不能再小的官吏。即使如此，庄周也没有当多久，就辞职归隐，去过他的苦日子，研究他的道家哲学。后来他成了道家的代表人物，后人尊之为庄子。

庄子在他的一篇寓言里说，有一天他做了一个梦，梦见自己变成了一只蝴蝶在鲜花草地翩翩起舞，自由自在，十分快乐；后来，他一觉醒来，发觉自己又成了庄子。这个梦让他迷惑不解：他弄不清，刚才是庄子做梦，变成了蝴蝶，还是现在蝴蝶正在做梦，变成了庄子。在庄子的哲学观点里，世界就是这么不可知，连作为万物之灵的人，他的认识也是十分值得怀疑的。他的这种不可知论和怀疑论，使他对世上的一切都抱否定态度。

面对世界的黑暗、统治者的残暴，庄子采取的是不合作态度。据说，楚威王因仰慕庄子的才能，派人带了千金聘礼，邀庄子去楚国，答应任命他当楚国的相国。庄子对楚国的使者说："千金聘礼，是一种重利；当上相国，确实位高权重。但是重利与高位也有它另外的一个方面，你难道没有瞧见养在厩里用作牺牲的牛吗？一连几年，把它养得肥肥的，到后来也要身披绣了花的牛衣，送进太庙挨刀。到那个时候，即使想当一头小猪，也办不到了。你快走，别来玷污我。我宁愿当一头在污泥里打滚的小猪，快快乐乐，自由自在，也不愿被国君们用金钱权位束缚。终生不进仕途，才是我的志向。"从哲学的观点看，庄子的这种处世态度是对命运感到无可奈何，只能寄托于精神上的超脱现实的宿命论思想。但是，他面对动乱的战国时代的环境、世情的凶险，采取不合作的态度，对后世的文人学士却产生了不可估量的影响。他对仁义、礼法、社会阴暗面的揭露批判，更融进了后世哲学、文艺甚至是政治活动之中，影响十分深远。

庄子认为，生与死就像日夜交替一样自然，人们无法干预，也不必去干预，一切都只能听其自然。在他的寓言中，有位叫子来的人病得快要断气了，他的好朋友去看他，居然一点不悲伤，反而说：伟大的造物主呀，又将把你变成什么东西了呢？是老鼠的肝脏，还是虫豸的手臂？子来也说：大自然就好比我的父母，儿子对父母应该惟命是从，现在父母催我快点死去，我怎能不服从？

庄子自己也是这样，他的妻子死了，他看上去也一点不悲伤，反而敲着瓦盆唱起歌来。这以后庄子的事迹就很少有记载了，只知道他大约死于公元前286年。

·孙武治兵·

孙武，春秋末期的军事家，齐国人，他曾寄寓于吴国，以谙兵法，受任为将，后与伍子胥谋伐楚，五战五胜，攻下郢都，显名诸侯。他所著《十三篇》是我国最早的兵法，即后来所说的《孙子兵法》。这部军事哲学著作，被人誉为"兵学圣典"，被放在《武经七书》之首。应该说，他不仅是位军事家，更是一位思想家。

孙武曾将自己所著的《十三篇》送给吴王阖闾看。几天后，吴王召见他道："孙先生，您的《十三篇》寡人都看了，好得很啊。不知先生这个理论与实践是否能结合起来？"

孙子道："大王的意思是要我带兵吗？"

吴王笑道："是呀是呀，先弄几个人稍稍试试。"他斜着眼睛看了看身边的美女们，一脸的笑意，道："这样吧，先生，女人可以按您的兵法训练出来吗？"

看来，吴王读了《孙子兵法》后，还与身边的美女们开过玩笑。

孙子心里很不高兴，兵法是十分严肃的事，拿来与美女们开玩笑，是不是有点过分了？但是他的脸上没有表现出来，道："只要是人，无有不可。"

吴王一指身边的美女道："那，先生就以寡人宫里这些美女试试吧。"

孙子深深地感到受到了侮辱，但在人屋檐下，不得不低头，更何况他也有自己的一套呢。

他不动声色地说："但凭大王吩咐。不知是哪几位？"

吴王笑嘻嘻地吩咐后宫美女都出来，自己则站在高台上看热闹。

后宫美女长年关在宫里无所事事，要不与人勾心斗角，争强斗胜，要不涂脂抹粉向吴王谄媚讨好，听说来了个乡巴佬儿，要拿她们当兵操练，一时十分高兴，嘻嘻哈哈，一窝蜂拥了出来。

她们原就是万里挑一选来的美女，个个艳丽惊人，如珠初涤其月华、柳乍含其烟媚，兰芬灵濯，玉莹尘清。总共有180名之多。她们眼里除了吴王，哪会将这个黝黑的乡下人放在眼里？

孙子道："90人为一队，分作两队。蒋美人为一队队长，鲁美人为二队队长。现在，两位队长过来。"

蒋鲁两美人，走一步扭三扭地走了过来。

孙子道："你们知道前后左右吗？"

两人道："这个谁不知道？"

孙子道："知道就好。我叫向前，你们一律朝前看；我叫向后，一律转过身看着前一人的后背；我叫向左，一律转身盯着左边的人；我叫向右，一律盯着右边的人。"

两人齐声道："这点小事哪会不知道？"

"现在你们去将这些一一告诉你们队里的人，一定要按口令行事，如有不遵，军法处置！"

两个美人笑嘻嘻地说她们都知道了，多说有什么用。

这些美人几时经历过这种正经事？你说向左，她们向右；你说跑步，她们走路。动不动嘻嘻哈哈，满操场的莺莺燕燕，粉白黛绿。孙子又是擂鼓又是吆喝，全是白搭。一时间，操场上热闹得犹如市场一般。

孙子大声道："约束不明，这是将的不好；将已说明，而执行得不好，是队长不好。来人，与我将蒋、鲁两个美人推出去斩了！"

吴王正坐在高台上，半闭着眼，笑眯眯地欣赏这群明眸皓齿的美人在操场上乱走，一股子娇怯不胜，似喜还嗔的模样，突然看见两个士兵将两个队长绑了起来，慌忙问道："这个乡巴佬儿要将寡人的美人怎样？"

边上太监道："启禀大王，他要将这两人斩了！"

吴王大惊道："快快下去传寡人的话，此二姬是寡人心爱之人，缺了二人，寡人食不甘味，卧不安寝。孙先生的兵法寡人知道了，确是好东西，只是千万千万不要杀了寡人的美人！"

太监领命，边跑边叫下去。只是孙武回嘴道："臣已受君令，将在军，君命有所不受！与我速速斩了！"

执刑士兵"嚓嚓"两刀下去，可怜两颗美人头颅马上落了地。那其余178个美人，眼见着两个队长鲜血淋漓的脑袋摆在面前，花容失色，吓得魂都掉了一半，从此要她们向左不敢向右，要她们向前不敢向后。

10天以后，这些美人俨然成了一支雄赳赳的娘子军。

孙武向吴王报告道："臣奉命已经练出一支娘子军，大王但有所命，水里水里去，火里火里去。大王吩咐就是！"

吴王失去了两个心爱美人，却也无可奈何，只好说道："孙先生果然有些门道。寡人领教了。"

事后吴王想，孙子在军事上确有一套，因此虽然记恨，后来打仗时还是用了他。

·商鞅变法·

商鞅（约公元前390-公元前338年），原名公孙鞅，战国中期政治家，法家代表人物，出身卫国公侯，又名卫鞅，少时学刑名之术，秦孝公下令求贤，他应召入秦，提出变法主张，使秦国得以富强。

法令刚刚决定，变法尚未开始，商鞅怕老百姓信不过，心里很是担忧，整日里在院子里踱来踱去地想办法。一天吃晚饭时他刚拿起筷子，猛地想到了一个办法，大声叫道："有了！其羊，你快快准备一根木头！"

其羊是他的仆人，问道："先生要怎么样的木头？长多少？重多少？"

商鞅道："稍稍长一点，重一点，我看三丈长短、五六十斤吧。"

其羊答应一声去了。商鞅则亲自动手，取来白布一块，磨浓了墨，在白布上写起来。

第二天一早，国都南门口，立起了一根木头，旁边写着：

如有人能将此木背至北门，赏十金！

南大门立着一根木头，只消背到北门，就有赏金，这事像一阵风似的传遍了整个国都。一下子，许许多多的人，东李西张，肥钱瘦赵，有空的，没空的，有钱的，没钱的，全聚集到南门看热闹来了。

这样容易的活儿，这么高的赏金，是谁出的告示？要不是吃了饭没事的家伙来开人玩笑的吧？但是不，下面还有一个具名呢，具名的是秦国政府。

老百姓奇怪是奇怪，可没有人信得过，怕白白搬了木头拿不到赏金，被人取笑。人家会说他是"冤大头"啊，"大木瓜"啊，"想钱想偏了头"啊，什么话说不出来？

太阳已经当头，还是没有一个人出来搬木头。

站在城墙上观望的商鞅不由急躁起来，他拿了笔下去，将十金改为五十金。

这下，本来渐渐散去的观众，重又围了上来。

一个素来好吃懒做的无赖，不觉动了心，大声问道："写字的是商大人吗？这上面的许诺是否当真？"

商鞅道："一言既出，驷马难追。何况这不是我个人的话，是咱们大王说的，如何当不得真？"

那人道："如果当真，请将钱拿出来！"

商鞅道："说得好！来人，且将钱搬出来堆在地上！"

那人粗着脖子叫道："各位乡亲父老，我穷得叮当响，只好冒一冒险了，如果搬到了北门拿不到赏金，还请乡亲们给我一个脸面，不要笑话我才是！"

说完，他脱了上衣，紧一紧腰带，扛起木头，直奔北门而去。

他身后跟着一大堆百姓，要看商鞅到底肯不肯兑现。

商鞅让人抬着钱，紧随其后。

那人将木头在城墙边上一搁，道："到了吧？"

商鞅走上一步，大声道："多谢了，这里是整整五十金，请点一点数！"

众人见这人轻而易举得了这五十金，各自睁大了眼睛。有的后悔自己不捷足先登，有的后悔自己疑神疑鬼，有的咒骂自己脑筋不灵，总之一时间大伙百感交集。

这时商鞅站在一条凳子上大声说："这不是咱们大王有了钱没处使，而是要告诉各位，变法已经开始，大王言出必诺，法出必行，一切犹如此例！"

这件事比眼下电视上登广告还灵，一传十十传百，马上传了开来，从此变法顺利进行了下去。

· 孟子之喻 ·

孟子（约公元前372-公元前289年）姓孟名轲，邹国人，他是当时的儒家大师，继承着孔子的思想。他曾经去游说齐、梁（即魏）等国。

这天他来到了梁国，与梁王谈了许多仁义之道，劝他要多施仁政。因为孟子严厉地批判了暴君和掠夺，提出了"民为贵，社稷次之，君为轻"的观点，触着了那些君主的伤疤，因此他们大都只是敷衍敷衍他，谁也不想实行他的做法。

这天，孟子正与梁王谈论。当时梁惠王已将国都从安邑迁到大梁（开封）。梁是战国时最强大的一个国家，惠王时不时出兵攻打邻国，后来因为攻打赵国和齐国，两次兵败，这才国势渐渐衰落。他见孟子口若悬河，很懂些道理，就想请教一下自己为什么会成了眼下这个模样。

梁惠王道："听先生的道理讲了许多，所说的'仁义'二字，咱们可以慢慢商量。当今寡人有一个道理不明，还想请先生不吝赐教。"

孟子道："大王但有所问，孟轲若是知道，自当知无不言，言无不尽。"

梁王道："寡人自担任梁王以来，一向尽心尽职，关心百姓。河内年成欠佳，寡人立即派人将河内的灾民移至河东，并调粮食供应他们；河东年成欠佳，寡人也照此办理。孤放眼四邻，各个国君可以说没有一个像孤这般尽心尽力地关心百姓的。只是寡人的百姓未见增多，邻国百姓未见减少。这，这又是为了什么？"

孟子略想一想，微微一笑，从容不迫道："大王一直来心喜打仗，在下就以打仗为例吧，大王不会介意吧？"

梁王道："先生尽管直说，寡人哪会介意？"

孟子道："从前有一次，有一个国家的大王带了一大队人马与敌人作战。战鼓擂起，'咚咚咚'声不绝于耳，身为士兵的，素日训练，但闻鼓声便得勇敢向前，不得稍退半步。只是这次敌人太过强大。他们人多势众，个个年轻力壮，刀法又娴熟无比，实在抵挡不住。大王，您身经百战，多有经历，您说，遇到这种时候，身为士兵的该怎么办才是？"

梁惠王摇摇头，道："这种情况最好是别遇上。万一遇上了退上几步也是有的。"

孟子道："大王说得好。这天队伍里正有张三李四两个士兵，一来他们年岁大了，二来他们长年打仗，早已精疲力竭，遇上对手豁出命来的猛冲猛打，他们也只好退上几步了。"

说起打仗，梁王立马精神十足，双眼炯炯有神。他叹口气道："事出有因，这也不能算是这两个士兵有意要逃跑。"

孟子道："大王说得对。且说首先后退的是张三。他身瘦力亏，这时不但两腿发软，就连手里的刀也要把握不住了，于是乎只好拖着刀步步后退。这样一退两退竟然退了有百步之多。"

梁王叹气道："一百步实在是多了一点。要我打仗，哪肯让士兵这样退的？"

孟子道："大王的话虽对，但是当时敌人来势极凶，雷霆万钧一般，不容他不退。李四也顶不住了，只好边打边退，一退两退，也退了足有五十步。"

梁王大摇其头，道："倒霉！倒霉！仗打得多了，这种事就难免了。那么后来呢？"

孟子道："幸好恰恰这时，传来了锣声，这是鸣金收兵的意思。对方敌兵也再不追来。夜间李四讥笑张三道：'瞧你打仗，窝囊至极，竟然拖了刀枪后退了一百步！'大王，您说，他的讽刺有理由吗？"

梁王气愤道："亏这个李四，还要讥讽人家，他自己不也退了五十步吗？都是逃兵，多退少退还不一样？要是寡人，先要一刀砍了李四。"

孟子笑道："大王深明此理，可喜可贺。那么，大王也不必抱怨您的百姓不比邻国的多了。"

梁王到这时才搞清楚，原来孟子是在拿他比作李四。孟子虽然没有挑明，但是道理是很明白的：您老爱打仗，不关心百姓，能指望百姓都来拥护您吗？

·野鸡与凤凰·

尹文子，战国时齐国的思想家，属于名家，传有《尹文子》上下篇。

中国古代传说中，有不少吉兽吉禽，诸如龙啊、麒麟啊、凤凰啊这一类，其实它们只是生长在人们的想象中，压根儿没有这类禽兽。可是那个时候却传得沸沸扬扬，像是真有似的。

尹文子就在楚国遇到过这样的一个人。

这人名叫鱼羊，原是个齐国人，上楚国做生意去了，由于他的勤劳和脑筋灵活，很是赚了几个钱。

这天他在做完了生意，将存货全部出脱干净之后，心里很是舒畅，哼着小调，在街市上走走，随便看看，打算过了这一日便回家去。

就在集市的旁边，他看见一个愁眉苦脸的中年汉子，正在路口张张望望，见了鱼羊道："大爷可曾看见一位身穿灰色锦袍的瘦高个？"

鱼羊道："在下一路走来没有见着。兄弟有什么急事吗？"

那汉子见问，一时激动，连眼泪也掉了下来，道："不瞒大爷说，兄弟家里没了父亲，急于要钱为父亲下葬，刚才那灰袍大爷答应买下我家长年蓄养的一只凤凰，不知道为什么他至今还没有来。"

鱼羊笑道："你是说凤凰？这种吉鸟，只见听说，从未亲眼所见，难道世上真有这种鸟？"

那汉子道："大爷是信不过兄弟这话啰？说出来不怕你吃惊，它还是自觉自愿飞到我家门口梧桐树上来的呢，后来长年住在我家，就吃梧桐籽，别的什么也不吃。我是为了葬父，才开口要卖了它。若是为了别的，哪肯出手？这种吉鸟，人家要找也打着灯笼没处找呢。"

鱼羊好奇心大起，道："兄弟能让你老哥长长眼吗？"

那汉子又张望了一会儿，见灰袍人还是不来，道："看来那个穿灰袍的大爷像是不来了，大爷若有兴趣，我领你去看看吧。"

他领了鱼羊来到了一间不大的屋子里，门口梧桐树上果然停着一只他未曾见过的鸟儿。只见这鸟雄冠突起，眼放光芒，且银嘴铁脚，毛色斑斓，尾后五毛，各分金木水火土五行。

鱼羊看得连嘴巴也张了开来，道："果然好只凤凰！世上还真有此鸟呢。"

他心里想："这是吉鸟，但有耳闻，从未有人捉到过它。若是献给了楚王，还怕他不赐你万金？"

于是他附着那人的耳朵道："既然兄弟急于用钱，这凤凰你肯卖给我吗？"

那汉子道："我原也想卖了葬父，你肯出多少钱？"

鱼羊道："我出一金如何？"

那汉子笑道："那灰袍大爷答应给我三十金，我是少一文也不卖了的。"

鱼羊心想，献给楚王，少说也得百金，就说："那么十金吧。我是做生意人，手头一时三刻哪有三十金之多？"

那汉子深思片刻，道："那么就二十金吧。这回真少一文也不卖了的。"

鱼羊随身全部资产，也就这些金，他一咬牙，就出了二十金，将这只鸟买了下来。

得到这鸟后，鱼羊连夜朝着楚国国都赶去，只可惜那汉子给他的是半小篮的梧桐籽，鱼羊喂它它不肯吃，强喂它几粒，到了第三天上，竟然双腿笔直，呜呼死了。当时天气炎热，鱼羊只好哭丧着脸将它葬了。

原来鱼羊是遇上一个老到的江湖骗子了，这只所谓凤凰，其实只是一只地地道道的野鸡罢了。鱼羊少有见识，以至于自以为捡了个大便宜。

幸好这事一传十，十传百，传到楚王耳朵里去了。

楚王道："有了好东西就想着寡人，在这世上有几个？这人不坏，可惜是凤凰路上死了。这样吧，派个人去找到他，赠他百金，也让咱们楚国人以后多学学他。"

于是这位傻鱼羊因祸得福，反而得了百金。

那年尹文子正好在楚国，听到这事，半信半疑，好巧不巧，路上正遇上这位好运的鱼羊，于是鱼羊将这事一一与他讲了。

尹文子长叹道："天下哪来的凤凰？这种名不副实的社会现象多么严重啊！"

·礼节是秩序的根本·

这天，齐王在自己的王家别墅里宴请众臣。这时虽是九秋天气，因为别墅所在地土暖泉甘，树叶黄落甚少，浓荫覆盖中，不时看见一丛丛丹枫红叶点缀其间。从楼台高处望下去，宛似摊着一副锦茵绣褥，华绝非凡。再加上别墅外天风泠泠，泉声潺潺，崇山峻岭，凝紫堆青，云清天高，碧空无际，越发令人心旷神怡，万虑皆忘。

风景奇佳，君臣兴致甚高。

齐景公喝酒喝得兴致来了，举起酒杯，晃荡着杯里的酒，大着个舌头，道："今天，寡，寡，寡人与诸位喝，喝，喝它个尽兴，来来来，咱们就放开肚皮喝个痛快。什么礼节啊，制度啊，都暂时搁在一边，去它的！"

晏子站起来道："大王！这可万万使不得！人之不同于禽兽，就是因为有礼节的存在。没有礼节，与禽兽有什么不同？再说，一个国家之所以成为国家，就是有一套秩序、制度。没了礼节，也就没了秩序与制度，这样下去，国将不国的。这样一来，我们齐国还立得住脚吗？"

这时的齐景公，早已喝得醉醺醺的，压根儿没将晏子的话放在心上，他懵懵懂懂地盯着晏子看了一会儿，嘴里念念有词，却不知在说些什么。

晏婴心里急得不得了，但是一时三刻又拿不出一个有效的办法来，只好捧着脑袋坐在那里苦苦思索。

过了一会儿，齐景公外出上厕所去了。临走时，群臣都站了起来恭送，这是君臣之间应尽之礼。

惟独晏子一人大模大样坐在那里一动不动。因为这时他已想到了一个好办法了。

不久，齐景公进来了，晏子还是假装喝醉了，坐在椅子上自顾自喝酒。他边喝酒，边哼哼民间俚曲，神情十分悠然自得。

齐景公出去了好一会儿，大概经冷风吹了一阵，稍有清醒，见他无礼，瞪着他，半天才说话："你，你，大胆！"

晏子也装着大舌头道："大……大……大王好说，臣，臣哪里无礼了？臣不是好好儿的吗？"

齐王瞪起眼睛，看了他半天，道："君出去不送，君进来不接，金刀大马的模样，不是无礼是什么？"

晏婴涎着脸道："是吗？臣……臣怎么不知道呢？大王能说来下臣听听好不好？"

齐王不由怒气渐生，大着声道："瞧你说的！刚才你还教寡人要有礼节。你自己看看，寡人出去进来，你大模大样地坐着，还一个人在君臣在场的情况下自斟自酌。这难道是有礼节吗？"

晏子一跃而起，一点也没有喝醉酒的模样，立即离开座位，磕拜道："大王说得对极了！小臣正是要做个样子给大王看看，不讲礼节会出现怎么一个样子。如果大王不要礼节，就会变得杂乱无章，不成体统。当然，这里缺乏礼貌事小，全国没了礼节，少了秩序，事情就闹大了。"

齐景公这才领悟到晏子的一番苦心。他很诚恳地说："对，对，这确实是寡人的过错。请晏先生重新入席，孤再也不了！"

于是，君臣举杯祝酒三次后，酒筵就散了。

自这以后，齐景公就更重视礼节。朝廷内外也都遵纪守法了。

·凶兆？吉兆？·

这年秋天，齐景公一时兴致所来，带了一群人出城打猎。

齐景公来的山上风景绝对好：近岭遥山，锦原绣野，水流云在，别有会心。脚下绣绿千顷，大小高下异态殊形，不相联系。间有丛林森树，斜阳影里仿佛烟笼。真个雄浑清旷，风光绮丽。

齐景公正兴冲冲地在张弓搭箭射麋鹿，突然一声咆哮，一头吊睛白额大虎扑了出来。只见它目光如电，精芒四射，竖着一条比臂膀还粗的长尾，正左右摇摆。它的阔口开张，白牙如剑，朱舌乱吐，约有尺许，腥涎四溢。那比水牛还要粗壮的虎躯、钢针一般的长毛，神威赫赫，凶猛非常。它见了人一声怒吼，宛如铜山崩倒，山摇谷应，震耳欲聋，声势惊人，非同小可。

只吓得齐景公一个筋斗从马背上跌了下来。幸好跟在后面的众将军眼疾手快，一阵乱箭射走了猛虎。

齐景公吓得怕了，浑身筛糠似的，连马也骑不上了，于是猎也不想打了，吩咐大家打道回府算了。

谁又知道，才走到山脚下，呼的一声，一条水桶粗细的火蟒窜了出来。

那里正值是块泥淖地，蛇一出来，立即泥浆四处飞溅，宛若雨雹，腥风秽气闻之欲呕。定眼细看，那东西似蛇非蛇，头似蛤蟆，紫额黄斑，碧眼血吻，口里无牙，白舌尺许吞吐不休，不时喷出五彩烟气凝聚不散。后半身与鱼相似，通体作暗绿色，间以彩斑。初出土时甚是欢跃，呕呕乱叫，翻腾转折于淤泥之中，往来如飞，两爪扬处便有泥雨飞出。

齐景公吓得大叫一声，口吐白沫，一跤倒在地上，昏死过去。

众将军齐声吆喝，拿箭乱射，拿枪乱刺，只是伤不了它的一点皮。这蛇转了一圈，这才钻进泥淖边的草丛不见了。

好半天，齐景公才悠悠醒了过来，他脸如死灰，苍白异常，好半天才站起身来，连叫晦气，立即回宫来了。

一回宫，他立即吩咐从人将晏婴请来。

晏子一来，齐王对他说："晏卿，今天真不走运，差点儿见不到大家了。寡人上山去遇到了一只大老虎，下山来又碰上一条大蛇。这，总不是一件吉利事吧。你看需不需要搞点祭祀什么的？"

晏子想了一想，缓缓说道："吉利与不吉利，确是件很值得探讨的事。但是自古以来，国家不吉祥的事情大致有三种：一是出了贤能的人，为君的不了解他，不知道他在哪里；二是知道有贤能的人，为君的不会用，或者干脆不肯用他；三是为君者用了这些人，心里不踏实，怕这些人不听话，或者会搞些君主不如意的事，也就是不放心他们。就此三件，事关重大。其余嘛，算不得大事。"

齐景公心想："瞧这矮子，动不动拿国家大事来吓唬我。说话答非所问的。"

他嘴里却说："晏卿所言极是。只是今天的事怎么个解释？"

晏婴很是沉稳地说："至于今天遇上虎啊蛇啊什么的，这怎么算得上是不吉利？大王大可不必惊慌。"

齐景公附和道："是呀是呀，晏卿说的孤也同意，卿前面说的那三点确是不吉利的事。但是平白见到老虎和蛇，难道是吉利事？"

晏子道："这也无所谓吉利不吉利。山上是老虎的家，山脚下泥淖里是蛇的家。大王在它们的家门口碰上了它们，这正像人们在我的家门口碰上我一样，这又有什么稀奇的？"

齐景公听他这么一说，恍然大悟，一拍手掌，大笑道："正是正是，寡人刚才怎么没想到？"

其实这里晏婴讲的正是一个哲理：人生在世，不如意事十常八九，客观事物与主观意图总是有距离的。这是因为客观世界自有它的一番规律。遇上意外之事，问凶问吉，只道什么事都预兆着对自己的前途，这，只是显得可笑罢了。

·猫头鹰的惊恐·

庄子有一个朋友，名叫惠施，也是当时的思想家，但是从思想境界上说起来，可差了庄子一大截。

下面这则故事正说明了这一点。

且说这天惠施凭着他那条三寸不烂之舌，去游说魏王，魏王听了他的一番如簧巧舌，心动了，就让他当上了魏国的相国。相国可是个辅佐国君的大官，魏王既然让他任这一职，自然车马与相府是少不了的，仆人奴婢也是成十上百。一个穷得叮当响的书生，转眼间便成了位阔佬儿。

庄子听说老朋友身在魏国，还不知道他已当上了相国，记起他年轻时曾与自己的那份穷交情，想去探望探望，与他探讨探讨自己刚刚钻研出来的学说。正好他在路上遇见一位去魏国的商人，就说道：

"听说惠施这小子现在去了你们魏国，却不知他混得怎么样。我与他是穿开裆裤时的朋友，有一段时间里，遇事就争论不休，现在想起来倒也有趣。若是见到他了，就说我路过了正要见见他去。"

那商人道："朋友之间贵在交心，少年时的朋友尤其是令人难忘。见到了我一定转告。"

不料回家一问，那个被庄子说成是"小子"的人，眼下竟然成了他们魏国的相国了，这商人一来要与相国攀攀交情，二来答应了庄子自然不便不转告，于是就将庄子要见他的事，一一说给了惠施。

惠施听了这个消息，一时间不知是喜是忧，正在拿不定主意，他的新上任的管家嘻嘻一笑，附着他的耳朵道："我刚刚从宋地回来，庄子这小子好大的名声。他来依附您老人家，别是另有用心吧？"

惠施道："左右也不过是我的老朋友，有什么用心不用心的？"

管家道："人心隔肚皮，您猜得着吗？他好大的名声，要是咱们大王看上了他，您老人家的位置哪里去摆？"

就这一句话，吓得惠施汗都出来了。他心想："对啊，这小子脑子灵嘴巴活，别来抢走了我的相国位置。"

惠施立即让人贴出告示：谁若捉到宋地庄子，赏金十金。当时的金虽是合金，远没现在黄金值钱，到底十金也不是一个小数目了。大魏当地百姓贪图这十金，足足搜寻了庄子三天三夜。

且说庄子刚刚走进魏国，就看到了这张告示，气得他将这告示一把撕了下来，大踏步走进惠施住的相府，当着大伙儿的面，大声说道："惠施小子听着，你要抓的庄周，自动送到你的面前来了，要关要杀悉听尊便。"

惠施这才尴尬万分，讷讷说道："哪……哪里的话？我只是……只是思念得你紧，想早一天见到你罢了。"

庄子气愤道："是吗？思念朋友要悬赏十金。真好义气！如果你不杀我，我就讲一个故事给你听，讲完了立马就走，免得我夺了你的官位，如何？南方有一只鸟，名叫凤凰，不知你这小子有没有听说过。那凤凰从南海出发直向北海飞去，不是干干净净的梧桐树，它是不歇脚的；不是竹米它是不进嘴的；不是甘泉它是决不喝的。这当儿正好有一只猫头鹰抓了一只已经烂得发臭的死老鼠躲在树上，打算美美儿享受一餐，见到凤凰飞过，怕它夺了它的死老鼠，大声叫了一声：'走开，别想来夺我的宝贝！'你，不就是这只猫头鹰吗？"

话一说完，庄子头也不回地走了。

惠施听得脸上一阵红一阵青，连说话都口吃了："庄兄真……真会说笑话……我这个这个……那个……那个……"

惠施这番神态，惹得四周的人窃窃讥笑，弄得他好不尴尬。

·车辙里的鱼·

话说战国时代的哲学家庄子，家里十分贫困，家徒四壁、屋顶漏雨、瓦灶绳床不说，还常常揭不开锅，吃了上顿，没了下顿。

这天又逢上这样的一个日子，早餐就吃了昨晚剩下来的半根黄瓜，中餐什么也没有下肚，到了下午只喝下了三杯水，再也饥饿不过了。他急中生智，想起早先认识的一位大夫监河侯来。

他心里想："嗯，那天我在他庄园门口遇上他，他曾说，几时您有过不去的事，尽管来找我。我监河侯别的不敢说，为您图个温饱，保您一个平安总是做得到的。今天我一整天米水不打牙，肚子里早就闹饥荒，咕咕噜噜不住嚷叫。不如去他那里商量商量，借个半石一石的小米图个眼前再说吧。唉，人穷志短，这话原是不错。若是家里有一袋地瓜在，我也不去出这个丑了。"

监河侯是当地有名的一位大夫，富可敌国不敢说，谷米成仓、金银满库还是称得上的。为着庄子是位鼎鼎大名的哲学家，有一次监河侯还特地拉他去充当客人，以提高自己的地位。中餐摆出来，山珍海味，外加美酒，真是饮食俱到，薰香满室。让庄子好好儿鲸吞牛饮了一场。要是今天能分出其万一让他充饥搪饿，庄子也就心满意足了。

庄子就这样，一边想一边脚高步低地朝着监河侯的府上走去。

好不容易走到了，监河侯府门口站着几个青衣矮帽、挺胸凸肚的仆人，见庄子肌削骨立，脸有菜色，露顶赤足，身穿敝衣，眼也不抬地吆喝道：

"哪里来的叫花子？快走！快走！别等大爷放出狗来，讨不了你的好去！"

庄子哪里同这种人一般见识？上前一步道："原来各位不认识在下，有烦通报你们主人，就说宋人庄周求见。"

那几个听得"庄周"二字耳熟，觑了他一眼，互相间大眼望着小眼看了一阵，嘀咕道："庄周倒曾听说过一个，不会就是这个疯疯癫癫的穷佬儿吧？看在主人有时候要借他们的光的面上，只好去通报一声。"

进去不久，仆人出来道："主人说原来是庄先生，请您进去吧。"

庄子轻蔑地一笑，摇摇摆摆走了进去。

监河侯一听说是庄子，怕他嘴巴厉害，背后说他仗着有钱有势小看了当地名人，站在内屋门口迎他，道："今天什么好风吹得庄先生光临敝宅，真使我监河府蓬荜生辉！"

庄子早已饿得两眼昏花，嘴里冒得出火星来，一屁股坐了下来，不客气道："庄周家穷，已经三天揭不开锅了，大夫家仓储充积，借庄周几石小米如何？"

监河侯哈哈大笑道："是吗？原来就是为了这些许小事，还劳尊驾巴巴地来跑一趟。我们国家真也是，平日里花钱大手大脚，却养不活国家一位名士，害得庄先生这样的名人都饿肚皮的。这样吧，本侯封地里的租税今明几天就要运来，等到租税一到，本侯就让下人为先生送三百金去如何？"

庄子见他要拿远水来救近火，生气道："大夫说得好！刚才庄周路上走来，忽然听见一个声音在叫救命，声音甚是微弱，四下里一找，原来是一条小鱼伏在车辙里。想来车辙里原来有水，太阳一晒，水已干了。庄周蹲下身来，问道：'鱼儿是叫我吗？我有什么可以帮助你的？'那小鱼道：'先生取点水来倒在车辙里救我一救怎么样？'我说：'我庄周不日要去南边一游，到时候我一定去与吴、越两国的国君商量，请他们动用大量人力，将西江之水引到你这里来，到时候你就可以畅游个痛快了。'那小鱼生气道：'你这种远水救不了近火的话，等着以后再说吧。若是等到你的水引来，你只好上鱼摊里去找我了。'大夫刚才的话是不是也是对小鱼说的那个意思呢？"

那监河侯脸上一阵红一阵白，半天说不出话来。

庄子对于那些见死不救、一毛不拔的伪善者和夸夸其谈、毫不解决问题的作风，批判得多好啊！

·高价买药方·

　　庄子与惠施两人虽然是朋友，但惠施是名家，庄子是道家，各自的观点不同，意见当然也不同。所以两人遇上了，口舌之争是万万不可少的。这不，两个人一遇上，又争论起来了。

　　这天惠施来庄子处坐坐。庄子这里好东西是没得吃的，但是清茶一杯还是有的。两人盘着腿，面对面坐着，指手画脚，高谈阔论。一杯茶水，冲了又冲，小书童竟连另泡一杯也不干，结果早已喝得淡而无味了。

　　古人云，道不同，不相为谋，原是有道理的。由于观点不同，谈着谈着，惠施就话里不太客气了。当然啰，他俩毕竟是文人墨客，说不客气也不会骂人吵架，只是话里免不了要带些刺罢了。

　　惠施道："老兄的高论，小弟是领教了。现在小弟说件事老兄听听。那年魏王曾送小弟三粒葫芦种子，说是特别的珍贵。小弟回家后特地挑选了山脚下朝南、阳光充足的一块肥沃土地，足足花了两天时间将地翻好了，做好畦，恭恭敬敬地种下这三粒种子，上面盖上草灰。为怕鸟儿啄去它们，特地找来三只碗，将它们一一罩在碗下。然后勤于洒水。半个月后，种子果然抽出芽来。"

　　庄子道："那珍贵的种子，长出芽来后有什么特别之处吗？"

　　惠施道："倒也没有什么太特别的，就是比之通常葫芦苗长得茁壮些、粗大些。小弟怕我家那只不听话的黑母鸡去糟蹋它们，立马为它们打起一个围棚，四周围上荆棘。这样日夜看护，越长越高，越长越大。我为它们立棚搭架，络绳拉藤。加上清晨捉虫，傍晚施肥，不到半年终于结出一个大葫芦来。"

庄子笑道："那，这葫芦特别在哪里呢？"

惠施道："它的特别之处就在于它奇大无比，开始时才长得拳头大小，三五天后已长得有米斗那样；不料过了十天半个月，竟然长到稻桶一般。咱们通常养葫芦原是为了用它装酒水，盛丸药。不料这葫芦大得能装五石粮食。等到它老了，搬也搬不动，抬也抬不起，只好将它剖开了。不料剖开来又平又浅，做水缸装不得水，连做个舀水浆的瓢都不成。你说我拿它有什么用？"

庄子笑道："老兄的意思我懂，你是说我的学说大而无当，一无所用。只是，老兄，看来老兄是不善于用大的了。小弟也讲个故事老兄听听。宋地有位农夫，家里世世代代以漂洗棉絮为业。干这活，天天与水打交道，别的三季尚可，惟独冬季最要不得，每每让一家人手脚皲裂，苦不堪言。这人很有几分小聪明。他自小爱好药草，不出几年居然让他发明了一种药膏，抹在手上，能保手脚即便在寒冬腊月里也完好如初，不开不裂。这天来了一位高高瘦瘦的客人，拜见他道：'听说先生家传秘方，制造出来的膏药，抹在手脚上，纵然数九寒天，也能使手脚不开不裂。小的愿出百金之巨，先生能不能将这秘方卖与小的？'老兄猜猜，这位农夫肯是不肯？"

惠施道："老兄说是几金？"

庄子道："十足百金，分文不少。"

惠施道："若真的出足百金，我猜这位农夫一定受不了这份诱惑。"

庄子道："惠兄果然好眼力。这人果然卖与了他。因为他与家里人商量：他们世世代代漂洗棉絮，风里来雨里去，三辈子也没有百金之巨的利润，现在一下子到手这么多钱，何乐不为？谁知那位瘦高个得了这农夫的药方，就一直上吴国宫殿找吴王去了。正好那年冬天越国来侵犯吴国，吴王就出大价钱买下了这药方，让吴国士兵个个涂上这不会皲裂手脚的药，与越国人水上战一场。由于吴国军士个个手脚不皲裂，越国士兵却做不到这点，故而打了一个大胜仗。吴王大喜之下，就封了这瘦高个一个大官做做，还赐给他一大片土地。"

惠施听完了沉思片刻，道："老兄的意思是说，药方相同，用处不同效果就不同。是这个意思吗？"

庄子笑道："正是正是。老兄的葫芦大而无当，何不将它缚在身上，做成一只腰船，到江河里去逍遥自在一番呢？我的学说，大自有大的用处呀。"

·舌头与牙齿·

老子，姓老名聃。一说他姓李名耳，字伯阳。相传他是楚国人，担任周的守藏室之吏。他是春秋末年的大哲学家、大思想家，道家的创始人。

他的学说流传很广，但著作只有5000字的《道德经》。单凭这区区5000字，就能将他的哲学广泛流传于世，实在是件了不起的事情。

传说中有位姓常的老师对他的学说影响很大。

这天，消息传来，说常老师身体欠佳，躺在床上已经好些天没起床了。老子一得到消息，连夜赶了一辆牛车，跑来探望。不料老牛破车，路上不得不停了好几回，赶到老师家门口已是傍晚时间。

老子将牛车停在老师家茅屋门口，三下两下将老牛卸下，又从车上捞出一把干草塞在牛嘴巴下，然后上前叩门。

好一会儿，才听见师母在问："谁啊，深更半夜的？"

老子道："弟子李耳拜见师母！"

师母道："原来是伯阳来了，欢迎欢迎。你老师正在叨念你呢。"

门一打开，老子行了一个礼道："师母大安，老师身体如何？"

师母道："上了年纪，免不了东病西病，也算不得是大病。只是他时不时在挂念你，说你老领会不了他的什么学说，担心他什么时候呜呼哀哉了，你还懂不了这个，他真是死不瞑目了。"

老子一听说老师病重在床还在挂念自己的学业，心里不免内疚，赶紧紧跑几步进入内室。

屋里才一盏羊油小灯，昏暗得朦朦胧胧的。老子一下跪倒在床前道："老师身体可有些好转？"

常老师转过身来，迷迷糊糊道："谁啊，这么迟了还来看我？"

老子道："弟子李伯阳探望来迟，老师恕罪。"

常老师道："原来是李耳。我的身体嘛，一时三刻死不了，但要好起来怕也不容易。我正担心你的学业——你先扶我起来！"

老子道："老师身体尚未痊愈，还是躺着说话吧。"

常老师道："你学了我的学业始终领悟不了它的真谛，原因就在于太拘形式。只要你懂了我的学说，我死了就留下你接班，你过世了又有其他人接班，学说绵绵长传，何愁之有？"

老子见老师生气了，忙说"是，是"，披着他将他扶起来坐在床头。

常老师道："你把灯拿在手里，照着我的嘴巴！"

老子照做了。

常老师张开那张瘪瘪的嘴巴，让老子看，道："你说，你看见什么？"

老子心想："可怜老师才上60的年纪，牙齿已经掉得一颗不剩，吃起东西来嘴巴一瘪一瘪的，他张开嘴莫非要我看他的舌头气色？"

他一头的雾水，只好迟迟道："这个……这个……老师是指什么？"

"我是说，我的舌头在吗？"

"在。"

"那么我的牙齿呢？"

"不在了。"

常老师突然眼里放出光来，炯炯有神地盯住他道："这是什么意思？你懂吗？它就是我教你的学说的真谛。"

老子毕竟不是大傻瓜一个，他想了一会儿，道："老师是不是说，柔软的存在，坚硬的反倒不存在了？"

常老师猛地一拍老子的肩，大声道："我教了你这么些年，你终于醒悟过来了，真太好了！"

啊，原来老师是在传授他哲理呢：柔可克刚，后发制人。

后来老子所写的《道德经》中多次谈到了这一思想。

·杨布打狗·

杨朱是战国时代的一位思想家，他是魏国人，又称为杨子、阳生，或者阳子居。

他的弟弟杨布与他住在一起。说起杨布，虽然不及他哥哥杨朱出名，村里知道他的人却是很多。他自幼读书，性豪放，有古侠士风。个性朴实，待人诚恳。他的面貌则姣如美女。平日里显得很文静，等到喝醉了，则拔剑斫地，慷慨悲歌，旁若无人。

这天一早，他要上朋友家去。刚刚出门，抬头望望天色，见天气晴朗，风和日丽，他心中一喜，便在日常穿的黑衣外罩上一件白色的袍子，脚上带风，一路走了。

他家有条白狗，长得狞毛狮尾，豺口狼牙，大如牛犊，十分威武雄壮，寻常孩子见了都远远地避开，惧怕它三分。至于说贼子、外地人，只要一见了它，无不退避三舍。这天见到少主人杨布外出，竟然一路依依不舍跟着他，一点也没有要回家的意思。

杨布吆喝它道："跟什么跟？还不乖乖儿回去守着家？！你的职责是看门，见了陌生人原该狂吠警惕，主人外出要你跟着干什么？"

那狗像是懂了杨布的话，站住脚，甩甩尾巴，灰溜溜地回家去了。

去朋友家一走三十里，一路上田野荒芜，旷无人烟，山径曲折，草树纵横。杨布边背诵诗书，边大步流星地走，不知不觉间已到朋友家。谁知人算不如天算，那朋友竟然关门大吉，也不知上哪去了。问问邻家，都是一问三不知。这让杨布狠狠地碰了一鼻子的灰。杨布乘兴而来，扫兴而归，那份晦气劲儿说有多窝囊就有多窝囊。自然啰，倒霉之余，他也只好回家了。

哪里知道福无双至，祸不单行，回家路上，才走了一半光景，骤然间山风大作，只听泉鸣溪吼，似若轰雷。四下里花树被吹得东西乱舞，起伏如潮。风越来越猛，无数繁花被风吹折，离枝而起，飞舞满空，乱落如雨。声势猛恶，甚是惊人。四处烟雾迷漫，狂风大作，沙飞石走。杨布只好加快脚步。

走不出一里路，但见电闪似金蛇一般掣动。电光照处，瞥见乌云层层密集。天已低下不少，估量这场雨下起来必不在小。再走一里，震天价一个大霹雷打下来，雨点似一阵飞蝗密箭从空斜射。立时风起水涌，水花四溅，汇为急漩，挟着泥沙一股股四处急流。才跑出几十步，浑身上下已是透湿。好在这雨下没多久，才一会儿便已无声无息地停了下来。

杨布无奈，只好扒下外面的白袍，穿里面那件黑衣服回家。

刚到家门口，他家那条白狗就冲着他狂吠起来。那狗身材高大，叫起来好不响亮。杨布被雨淋得落汤鸡似的，本来就是一肚子的恶气，见连自家的狗都不识得他，一怒之下，操起一根木棍，劈头盖脸打了下去。打得那狗"汪汪"狂叫，满院子乱跑。

他哥哥杨朱听见狗叫声有异，踱出来道："兄弟！兄弟！这是何故啊？"

杨布没好气道："这畜生不长眼睛，我穿着件白袍出去，下雨淋湿了换了件黑衣回来，它便再不认得我，发瘟地吠叫不已，不打这不长眼的畜生还打谁！"

杨朱笑笑道："兄弟且放下棍子，顺顺气。若要是你，咱家的白狗出去，一会儿变成一条黑狗回来，你会怎么样？"

杨布目瞪口呆，半晌作声不得。

是呀，若是这条狗白的出去，黑的回来，他又会怎么样呢？一定也是惊诧莫名吧？

其实杨朱是在教育人：天下事，都得设身处地替别人想一想，别老一个劲儿地为自己考虑。若能多替人想想，就能够排除掉很多无谓的纠纷、无端的争执。

·杨朱讲学·

一天，杨朱带一班弟子去宋国。

偏偏天公不作美，走出三天以后遇上了阴雨。那雨是大一阵，小一阵，到处烟笼雾罩，一望迷茫，只听雨声潇潇，与溪流泉瀑之声相应。这样一口气下了三天。几个人困在客店里，再也上不了路。

这家客店主人有两个小妾，一个叫香美，一个叫天苹。

香美约莫十六七岁，纤腰弱体，容如桃绽，说起话来声音娇脆如新莺，袅袅婷婷，十分美貌。

而天苹呢，一副村姑田妇打扮，生得又瘦又干，一只眼睛斜，一张窄脸，面无血色，长得奇丑无比。

杨朱及他的弟子们因为天下雨，久住客店，不能出门，渐渐地，客店里的几个人也都混熟了。他们发现那店里的小二，个个尊敬天苹，而对香美却瞧不起，每每她说一句话，话未说完，小二们就一句顶了回去。

店主的小妾，也算是半个女主人，为什么会产生这样的情况呢？

杨朱的学生们发现此事，十分好奇，就去请教杨朱了。

杨朱也不懂，只好说："照说嘛，长得漂亮的女人，不论熟人还是陌生人，由于她长得面貌姣好，讨人喜欢，大大小小总让她几分；面貌长得丑陋的女人，不论熟人生人，多有嫌她的，总是讨不了好去。这家客店里的情况恰恰相反。这的确是一件值得研究的事。不过嘛，这是人家的家事，我们难以启口。你们看怎么办？"

弟子中有一个名叫子亮的，道："先生此话有理。但是学生住了三天，已与店小二阿七有些交情，待我偷偷问他一问，如何？"

众人都拍手叫好。

杨朱道:"我看,也只有这样了。"

这天午后,子亮趁着大伙儿刚刚吃完饭,店小二正忙得不可开交时,凑上去帮他拿碗、扫地、倒剩菜、擦桌子。之间,子亮找了一个机会,附着他的耳朵道:

"阿七哥,我问一件你们店里的怪事。不知阿七哥能不能告诉我?"

阿七道:"子亮大爷客气,有话但问无妨。"

子亮道:"我也不是看了一天两天了,你们店里所有人,包括店主人、店主妇及店里一班的店小二哥,个个善待天苹,却对香美一直没有好气,这,到底是为了什么?"

那阿七嘻嘻一笑,道:"你们也看出来了?告诉你吧。那香美原是店主花钱买来的妾,她日常自恃貌美,得了主人几天的宠爱,整天施粉涂朱,巧笑轻颦,见了陌生男人就满面春风,一脸的笑。平日里像个莺莺燕燕、粉白黛绿的窑姐儿,要她帮着干点儿活,她连手指尖儿也不肯动上一动。稍稍遇到点不顺心的事,她就拿出妇女的看家本领来:一哭、二闹、三上吊、四不吃饭、五进庙,六告亲邻、七归家,再要不行把天叫。诸善不做,诸恶做绝。我们个个见了她都要退避三九二十七舍。而那个天苹嘛,她虽长得不怎么样,但是半点也没有架子,常常帮着我们汲水煮饭,自操井臼,淘米抹桌,件件争先,从没半点主人家的架子。久而久之,我们便再也看不出香美的美,也看不出天苹的丑,只是尊敬天苹,讨厌香美了。"

子亮将店小二的话告诉了杨朱,杨朱沉思片刻,道:"弟子们,记住了,一个人做了好事,如果他从此以后自以为高明,处处觉得自己高人一等,这就有了德行上的错误,于是,他也就像香美一样,再也不受人尊敬了;相反,一个人虽然办事不甚高明,智力平平,但是时时谦虚,处处谨慎,这样,人们反倒会尊敬于他。切记,切记!"

·严格按法处刑·

　　法家是战国时期兴起的一个主要学派，主张法治，变法图强，提倡耕战，借以富国强兵。其中强调法律是它的一项重要内容。

　　张释之是西汉初年的思想家，也是一位法学家，字季，南阳堵阳人。汉文帝时为中郎将、廷尉。当时人称赞他："张释之为廷尉，天下无冤民。"

　　这天汉文帝出游去。但凡皇帝车马外出，一路上浩浩荡荡不说，还不许百姓驻足观看，街上路上一切小摊小贩、行人游客全被赶得干干净净，谁若走慢了，少不得被抽上几鞭。

　　当他的车马经过渭桥时，皇上见桥上望出去景致不错，就命令停下车马观赏了一会儿。这样一来，满地的辚辚车马声一下子静了下来。

　　正在这时，一个年过40的乡下汉子听见大锣"当当"敲来，长鞭"嗖嗖"抽来，避之不及，一头钻到渭桥下面去暂时避上一避。他侧着耳朵在听，听得声音小了，马蹄声、车轮声已不再响，只道车马已经过去，就莽莽撞撞地从桥下钻出来。一钻出来，天啊，桥上皇上车仗还在，这才知道自己是闯下了大祸，尖叫一声，连忙一个滚翻再钻了下去。

　　但是，已经迟了，有一匹马被他的一进一出和那一声尖叫吓了一跳，一下子立起来。幸而几个马夫都是有经验的人，忙不迭一把抱住马脖子，死死攥住它，这才没让车子翻了。

　　皇上在车里正伸着脖子眺望，车子一颠，差一点儿一个倒栽葱掉下车来。可他的头还是撞在了伞柄上，火辣辣地痛。

　　皇上勃然大怒，骂道："什么人？简直是无法无天，给我抓起来，速速交与廷尉法办！"

众侍卫一声吆喝，如虎似狼般赶下桥去，七手八脚将那个乡下大汉小鸡似的抓了上来。

那汉子大叫："皇上饶命！小的在桥下躲了好一会儿，以为皇上的车马已经离开，实在不是有意的。"

众人哪去管他？一条索子，五花大绑了，一路拳打脚踢，扭着他送到廷尉那里去了。

张释之正是当时的廷尉。

过了几天，他来上报处理的结果。

皇上拿起他的判决一看，纸上写道：这人是违反了回避圣上的条令，罪当罚金若干。

汉文帝大怒道："这家伙冲撞了朕的车马，差一点儿要了朕的命。若不是朕那匹马驯良，朕早没命了。张释之，你倒好，就罚他几个小钱！你把朕的性命当什么了？"

张释之道："启禀皇上，小臣身受皇上重托，管的就是法律。"

汉文帝道："正是，正是，你身为廷尉，干的正是这一行。"

张释之滔滔不绝讲下去："皇上说得对。然而，法律是天下人的法律。天下人得遵守，天子也得遵守。"

汉文帝打断他道："朕正是为了遵守法律，才让人将这恶汉送给廷尉；若是不遵守法律，朕当时就一刀结果了他。这个可恶的东西！害得朕至今额头上还隐隐作痛呢。"

张释之道："皇上说得好。现在的法律上规定，凡是冲撞圣驾车马的该罚金，臣就照此办理。若是法律老改变，不时更改，老百姓谁还再相信法律？当时如果皇上一怒之下，一刀杀了那人，那么这是皇上处理的，臣决不敢多嘴。但是这事既然交给臣办理，臣就得依法处理，法律上怎么说，臣怎么办。要不，刑罚可以随意加重减轻，法律还有什么权威可言？还望皇上明察。"

汉文帝低头想了好一阵，道："廷尉处理得对，就按廷尉说的办吧。"

一个竭力主张法治的人，就是一切要以法律为准绳。

·人如蜡烛火是魂·

王充(27年—约97年)东汉时著名哲学家，出生在浙江上虞。

他读书用功，品德又好，深得老师和当地人的赏识，所以后来被保送到洛阳去读太学。

老师是当时很有名气的学者班彪。

太学相当于现在的大学，只是现在的大学多，那时的太学少，岂止少，其实全国就一所。

太学是高等学府，在里面读书的人都很有些来头，除了像王充这种有真才实学的人外，还有不少地位高、家里有钱的人。他们穿得好，吃得好，只有王充家道贫寒，连买书的钱也没有。

他见洛阳市场上有几家书摊书店，就常常到那里去看书。

这些店老板见这个身穿旧布衣的青年天天来，每每拿起一本书，一看半天，非要将这本书读完了才会换一本，或走开。

当时还没有蔡伦纸，书是用帛、缣、绢等贵重织品做的，因此价格昂贵，与眼下书的价格不可同日而语。

老板见他只看不买，就不耐烦了，上前拍拍他的肩膀说："小伙子，你天天来看书，可从来没见过你买一本。这书可要好价钱呢，你也替我们想想，翻旧翻破了我卖给谁去？"

王充羞得脸上红一块白一块的，诺诺连声，讪讪地将书放在书架上，走了出去。

可是第二天，他忍不住，又进店来了。

他先是站在人家背后看，不久又翻起书来，不过这次他只是将书搁在书架上，不再拿在手里。

书店老板又好气又好笑，慢慢儿打听到这个小伙子原来还是个太学生，心里也为他的好学所感动，就任他翻阅，再不去指责他了。

王充的记忆力很强，每看过一本书，就过目不忘，没多久，竟将三教九流、诸子百家的文章读了个滚瓜烂熟，成了一名知识渊博的学者。

但是，老站在街上书店里看书的事，一传十，十传百，终究让他的老师班彪知道了。

有一天，班彪将他叫了去，批评他说："你别忘了自己的身份，你是个太学生，一天到晚站在街头读那些杂书，成什么样子？太学生原该熟读四书五经，尊奉孔子才是，你老读些不三不四的书，这不是离经叛道吗？"

王充明知道班彪先生的话太片面，但他也没辩驳，嘴里只说"是，是"，只是感情上渐渐与他疏远了。

王充对一般人的唯心的看法提出了反对意见。当时人们对人灵魂一说，影响最大，信神信鬼信祖宗，皆源出于此。

但是王充则认为人好比一支蜡烛，灵魂是火，人活着是蜡烛点得正好，于是火头也很猛烈；人死了像蜡烛点完了一样，火也就灭了。哪会灵魂出了窍变成鬼的呢？更别说能左右活人的说法了。

他还用事实批驳了皇帝是天子，他之所以成皇帝是老天安排的说法。这一说法危及皇帝老子的地位，皇帝岂能容他？因而那些紧跟皇帝、靠着皇帝吃饭的大小官员，封建理论的拥护者，认为他是"大逆不道"、"异端邪说"，就不让他在太学里读书了。

这样，他就只好回家去了。

他这一辈子只做过几任小官，因为思想上与官僚格格不入，索性回家教书写著作了。

他写的《论衡》，对当代，对后世，都起了重大作用，在哲学思想上有很重要的地位。

·见微知萌·

古代哲学家韩非子在《说林》里说过一句话："圣人见微以知萌，见端以知末，故见象箸而怖，知天下不足也。"后来有人将这句话的要紧部分归纳为一句成语"见微知萌"，也有称"见微知著"的。意思是看到事情的一点苗头，就能知道将要发生什么事。未卜先知是没有的，但是发现了苗头能看到发展的将来却是符合科学的。下面的故事正是说明这一哲理的。

管宁，字幼安，北海朱虚人，是著名的学者。华歆，字子鱼，平原高唐人，后来为魏国大臣。

管宁与华歆小时是同学。他们一起学习，一起生活，感情很好。

有一次，两人一早在菜地里锄草。他们一人一把锄头，肩并肩锄着，边锄边谈自己读书的心得感想，倒也悠然自得。

突然，"咯"的一声，一粒亮晶晶、黄澄澄的小东西蹦了出来。明摆着，这是一粒金子（当时除了极个别的自然金，多是合金），不知哪个马大哈失落在那里的。虽然事隔多年，光泽依然不减当年。

管宁从小生性恬淡，对名利官场最为讨厌，见了金子犹如不见一般，依旧锄草。他甚至连眼睛也不斜一斜，神情自若，刚才在说什么还是往下说什么。

华歆虽与管宁同学，受了他不少影响，但是他从小对功名利禄看得很重，见了金子如何不动心？他不由自主丢了锄头，弯腰捡起这粒金子，看了有好一阵子。他先用手掌抹干净了泥土，再拿到鼻子底下嗅了一嗅，似乎金子会有气味似的，最后甚至不怕脏，用牙齿咬了一下，试了试它的硬度。后见管宁不理不睬，顾自锄过去了，心里也有点难为情，于是硬硬心肠，"噗"的一声，将这金子丢开了，又握起锄头柄来。

管宁嘴里虽然不说，心里却已经对华歆有了芥蒂，心想："瞧这华歆，小小一块金子就这般恋恋不舍，万一有件更吸引他的东西，譬如说大笔财富啊、偌大的官职啊，不知会怎么样呢。"

过了几天，那是一天早上，管宁又与华歆两人坐在席上朗朗读书。猛地，屋外锣声当当，马蹄得得，一个大官正从门口经过。背后一大群闲人见他仪仗壮观，哄着在看热闹。人声鼎沸，煞是闹腾。

华歆平日里最羡慕的是当官，听见这声音，不由脚底发痒，按捺不住，当时也顾不得体面，丢下书本，噔噔噔撒腿就跑，看热闹去了。管宁在后面连连叫他："喂，喂，喂，你干什么？这有什么好看的？"他竟听也没听见，眼睛一眨，连个人影也不见了。

好一会儿，华歆才兴冲冲回来。他正想将看到官员的大排场津津有味地讲给管宁听，只见管宁脸色沉重，盯着他瞧了好一会儿，深深叹了一口气，道：

"今天我才知道华兄心有所属。古人云：道不同，不相为谋；志不同，不相为友。从今以后咱们各奔前程吧。"

说着，他从席子底下取出一把小刀来，将他们两人同坐的那张席"嗖"的一下，一划两开，郑重地说：

"华兄对名利二字煞是看重，与小弟不是同道中人。咱们还是好走好散吧。从此你我两不相干。"

华歆涨红了脸，半晌才讷讷地说："你……你……你故弄什么玄虚？哼，自命清高……一个人生活在这人世上，难道还能拔着头发让自己离开它吗？我看你……你将来能比我有什么出息。"

从此，两人食不同桌，坐不同席，居不同室，什么事都分道扬镳了。不出几天，管宁另外找了一个屋子，住到别的地方去了。

管宁以后成了一个有名的学者，一直为世人所称道。华歆则成了一个史学家对他很有非议、甚至有所不齿的人。

管宁因为从小小两件事里就看出了华歆的为人，坚决不再与他为伍。

·立身之本·

张良（？—公元前186年）西汉大臣，杰出的军事家、政治家，也是位思想家。他年纪轻轻就邀人在博浪沙行刺秦始皇，虽然一击不中，却震动了天下，直气得秦始皇在全国各地四处抓他。于是他只好改名换姓躲在下邳一带避祸。

这天他独自一个在乡间小道上散步，走到一座木桥上，走得乏力了，就靠着桥边的扶手休息。

只见一个老头儿慢吞吞走了过来。

这人弓身曲背，精瘦骨立，脸色铁青，苍白中隐隐泛出绿气，骨头没几两重。他走到桥上，不知怎么一来，"噗"的一声，脚下一只破鞋落到桥下去了。

老头子瞟了张良一眼，说："小伙子，没看见吗？老爷子的一只新鞋落到桥下去了，干嘛呆在那里不动？快，去给老爷子捡回来！"

张良从未见过这么没有礼貌的人，真想拔出拳头来教训教训他。转而一想，这么一个老儿，别三拳打死了，自己眼下正在避祸，还是少惹事为好，捡就捡吧。这样一想，气也顺了。

他跑到桥下，将他那只臭烘烘、破破烂烂的"新鞋"捡了上来。

这老头儿伸出脚来，指指那十几天没洗的臭脚，说："等什么？还不替你老爷子将鞋穿上！"

张良心里很不痛快，但心想，看在他这把年纪上，好事做到底吧。他弯下腰来，蹲着替他将这只破鞋穿上了。

谁知穿完了，这老头子连谢也不谢一声，自顾自"踢踏踢踏"拖着鞋走了，头也不回一下。

张良心里虽然纳闷，却也不做一声。

约莫走了有一里路，这老头"踢踏踢踏"又回来了，说："嗯，你这小子看来还可以调教调教。这样吧，再过五天，你上这儿来，老爷子有话教训你！早点儿来，听见没有？"

张良这时已经看出，这人绝非泛泛之辈，就很谦恭地说："是，到时候小子一定前来领教。"

五天后，天一亮，张良一个骨碌爬起来，急急忙忙来到桥头，只见那老头儿已经在了。

老头子一肚子不高兴道："瞧你，还是小伙子呢，一点儿也不虚心，跟老爷子约会来得这么迟！五天后早点儿来，听见没有？"

五天后，张良特地与他客栈里的小二说了，让他一早叫他。鸡还未叫，张良就赶到了桥头。但那老人已经在那里了。

老头子撇撇嘴，很不客气地说："怎么样？又迟到了！不像话！回去，五天后再来，这次可不许迟到了！一个小伙子，老爱睡懒觉，像什么话？"

这次张良下了狠心，早一天夜间就没睡下，只是伏在桌子上打了一个盹，三更时分就等在那里。

不多一会儿，老人也来了，说："这就对了。今天还差不多。"

他从怀中取出一卷竹简，交给他说："好生研究研究，就可以当皇帝的老师了。十年后必成大事。十三年后可以到济北来看我，谷城山脚下那块黄石头就是我了。"

说完，这老头子还是拖着鞋，"踢踏踢踏"，头也不回地走了。

张良细看，原来这是一部名叫《太公兵法》的兵书。他细心钻研，终于帮助刘邦打下天下。但是这老人是谁，终究没有找到。因他自称黄石，故而后人称他为"黄石公"。

后来有人说张良是运气好，遇上了黄石公，如果没有遇上，还不是普通人一个？这话表面上听去有理，但是仔细一推敲就看出来了：谦逊好学乃立身之本，若是当初张良没有那份谦逊，缺了那份好学，他成得了以后的张良吗？

·萧何月下追韩信·

秦朝末年，各地起义军风起云涌，天下大乱。打到后来，只剩下项羽和刘邦两家。他们的战事非常激烈。今天你打我，明天我打你，弄得百姓日夜不得安宁。但是，从某种程度上来说，打仗其实也是一种人才的竞争。谁能网罗到优秀的人才，谁就胜利在即。

西汉时的萧何（？—公元前193年）是很懂得这一道理的。

淮阴人韩信是个大大的将才，但是当时竟没有人识货。开始时他投奔项羽，项羽见他长得高大，只是拿他当做一名侍卫。他多次借机会向项羽献计献策，项羽只是瞟他一眼，粗声粗气说：

"你还记得你的职责是侍卫吗？干好自己的事，别的少管！"

他一气之下就偷跑出来，投奔了刘邦，指望刘邦能重用自己。可是刘邦只让他担任一个小小的粮官。他每天拿秤抓斗，连刘邦的面都不大见得着。

相国萧何曾与他谈过几次话，发现他很有才能，就几次与刘邦说起，要求重用韩信，说他是一个不可多得的将才，可是刘邦只当耳边风，压根儿没有重用他的意思。

当时，有不少军官思乡心切，偷偷跑了。韩信心想，萧何已经为我多次推荐，刘邦还是不肯用我。以前人家都说刘邦比项羽识得人才，不料也是与他一般。我在这儿呆下去还有什么意思？于是也跟着大伙儿一起逃走了。

且说这天萧何正好睡下，他的仆人像是随口提起，道："主人安心睡吧，瞎操什么心？今天走几个，明天走几个，几时走得差不多了咱们再走也不迟。"

萧何道："谁又走了？"

仆人道："这么多人的名字，我也一一报不过来。就记得一个，那个高高大大的韩信也走了。"

"你说的是哪个韩信？"

"还有哪个？还不是那个当粮官的小子。人家走是嫌俸禄低，他小小一个官吏，有吃有穿的，走什么？"

萧何得到韩信逃走的消息，"哎呀"一声，跳起身来，连外衣也没穿，直奔马厩，一跃跳上了光马背，来不及报告刘邦，单人匹马，用手掌拍着马屁股，飞驰而去。

仆人愕在那里，吃惊道："怎……怎么，连主人也逃走了？这……这怎么得了，还……不如报告去吧。"

他忙不迭跑到刘邦住处，向刘邦的从人说了这事。从人不敢急慢，忙去向刘邦报告："大事不好，连萧相国萧何也……也逃走了！"

刘邦一直待萧何不错，有事总是找他商量，现在见他这么没情没义，气得觉也不睡了。等了一天，也不见萧何回来，刘邦茶饭不思，夜不能寐。

第二天傍晚，萧何回来了。刘邦又是高兴又是气，骂道："你……你……你为什么逃走了？我刘邦几时亏待了你？！"

萧何道："启禀大王，臣哪敢逃走？臣只是去追一个人。"

刘邦道："我才不信呢。逃了几十个，你都不闻不问，这人是什么人，值得相国这么急着去追，而且一赶两天？"

萧何道："臣去追的人就是臣多次跟大王谈起的那个韩信。大王今后如果只想在汉中混混，做个草头王，那么韩信这人也没有什么大用；若想打天下，则少了韩信万万做不到。"

刘邦见他说得严重，这才重视起韩信来。

其实自古以来，谁兴谁亡，全是人才之争。凡是衰败之君、衰败之国，都是因为错用了人。

萧何深深懂得这一道理，这才为几百年的大汉打下了基础。

·随时准备着·

唐朝大文豪韩愈曾在《进学解》一文中讲道："业精于勤荒于嬉，行成于思毁于随。"这里表面上是在劝人努力学习，其实包含着一个很深的哲理：它告诉人们，有志于成大业的人，万万不可怠惰成性，一天到晚地休闲在那里，长此以往，习惯成了自然，再也没出息了。孟子说的"天将降大任于斯人也"的话，排除他唯心主义那部分，说的也是这个道理。早在东晋时候，陶侃就是这样要求自己的。

陶侃(259—334年)，东晋大臣。庐江浔阳人氏，早年孤贫，任侍中、太尉等职。他办事缜密，勤于职守，

年纪轻时在广州任职，职务比较清闲。整天除了办几件日常小事，无所事事。他心想："我年纪轻轻，如果老是生活在这样的环境中，将来即使有大事让我做，我的身心哪里还能胜任？我得加强日常的锻炼不可。"

第二天，他对家人说："你去为我准备100块砖头，堆在前院屋檐下。我自有用处。"

家人道："砖头尽有，大小不一，不知老爷要大的那种还是小一些的那种？还是大小都要？"

陶侃道："小的几斤一块？大的几斤一块？"

家人想了一想，屈着指头道："小的1斤、2斤、3斤、4斤都有；大的8斤。老爷若是有特殊用处，可以叫他们去订做10斤、20斤的。老爷要哪一种？"

陶侃道："订做不必了。我看就8斤一块的吧。"

家人问道："老爷若要打墙砌灶，100块好像少了一点。再说不多

不少100块使用起来恐怕没有这样准确吧？"

陶侃笑了起来，道："偏你多嘴，你不会少说几句吗？叫你备砖你就备砖吧，总之我有用处。"

家人连声应"是"，退了出去，马上去准备好了。

第二天一早，天还未亮，家人还睡在床里，听见屋外有脚步声，窗口一张，只见陶侃正吭哧吭哧亲自在将这些巨砖一一搬进屋里。

仆人只当昨天砖头放得不是地方，连忙起来，边穿衣，边叫道："老爷认为砖头放得不是地方，说一声不就得了？哪敢劳动老爷自己动手？"

陶侃扛着砖头走自己的，边说道："没你的事。你顾自己好了。天还早着，你再去睡一会儿吧。"

仆人丈二和尚摸不着头，只好诺诺连声，诚惶诚恐地退下了。不过仆人再也睡不着了，索性躲在窗后，偷偷地看。

只见陶侃身上穿着一领旧衣，每次4块，用绳子捆成一叠，"嘿"的一声上了肩，然后驮着砖进后屋去。不一会儿，他又解下绳子走了出来。这样，一个早上，进进出出，足足走了25趟，累得满头大汗。

第三天一早，仆人又听见主人吭哧吭哧搬运砖头的声音，门缝里一看，天呀，这次是屋里往屋外运。只见他还是4块一捆，一次一次地扛出来。他莫名其妙，但又不敢问。

仆人心里想："昨天我去里屋看过，那100块砖头主人都垒得好好的，也不知做什么用；今天又去一捆一捆地搬出来。这不是吃饱了饭再弄肚饥吗？看不懂，嘿，看不懂。"

过了好几天，仆人才听见陶侃在对一个来访的朋友说："我正要为恢复中原出力，这儿过于安逸，我怕自己筋骨疏懒了，将来不能担任重任，这才将这些砖头搬进搬出。"

其中有些话，仆人不是很懂，但是大致弄懂了主人的意图：他是怕自己身体上和思想上怠惰了，将来不能胜任大事。

嘀，原来是这么一回事啊。

·人为财死·

柳宗元(773—819年)，字子厚，河东人（今山西运城）。唐代著名散文家，是位唯物主义思想家。

他曾经在永州（现今湖南零陵）做官，所以对那里的风俗习惯都很了解。

有一天，当地小官给他讲了一个故事，说的是当地的实事。因为富于哲理，柳宗元觉得应该将它写下来，让人们警惕。

事情是这样的。

那时是夏秋相交，这天天气阴沉沉的，突然间，四方阴云涌合，怪风怒号。西北上陡地刮起一阵狂风，飞石扬沙，天上乌云四合，霎时合拢得如同黑锅底一般，眨眼间，霹雷闪电，接连不断，霹雳一声近似一声，闪电一条亮似一条，倾盆大雨如同瓢泼。

有五六个当地百姓正在湘江上摇船渡江，不防江中狂风突起。江面上是惊涛壁立，骇浪天掀，小山一般的浪头，一个跟着一个打来。江声澎湃，宛若雷轰，耳朵边全是又尖锐又凄厉的风声，浓云层里，时发一两下金线般的电闪，真仿佛有千万水怪、夜叉、鬼魅在那里奔突叫嚣一般。江中船只早都泊岸，其余的被风浪打得东斜西歪，沉的沉，碎的碎，隐闻哭声随风吹来，看去触目惊心，甚是骇人。

那五六个人身在江中，一时哪里泊得了岸？只好随着风浪不断地被抛起掉落，嘴里大念其"菩萨保佑"。

没到半炷香的工夫，一声响亮，小船已经被浪击个粉碎。那五六个人个个落在水中。

好在他们都是当地人，从小泡在水里长大，都是一身好水性，于是立即丢弃身边东西，挣脱身上衣裤，抢开两条胳膊，重重地蹬着双腿，勇敢地朝着岸边游去。

这时风雨虽大，岸边却站着不少刚刚从江里逃上来的人们。他们一面收拾自己的东西，一面高声鼓励着江中还在游泳的人们：

"再着把力！"

"别迎着浪头游，手抬高一点！"

"呼气吸气调匀了！"

那落水的六人中，几乎个个是游泳好手，他们隐隐约约中听到岸上同伴们的鼓励，抢臂甩腿，一齐朝着岸奋勇游来。

然而其中一个，开始时还勉强支持住，游到后来竟然渐渐儿落到后面去了。

他的一个同伴叫他："水兔，今天你是怎么……怎么啦？平日……平日里我们游水不是你最好吗？"

水兔吐出一大口气，吃力地说："今……今天不行。我……我……"

同伴们边游，边问："你是不是病了？今天可不是玩儿的，性命交关呀！"

水兔道："我……我知道。只是……只是我腰间缠着三……三千贯钱来着。这钱沉着呢……拉着我一直往下沉……"

原来这次他是带了一大笔钱过的江。当时流行用铜钱，三千贯很有些分量呢。

同伴们叫道："那你快将钱解下来，扔在江里算了吧。命要紧呢。"

水兔摇摇头，并不作声，然而身子离开水面越来越低了。

同伴们齐声大叫："笨蛋，你自己说说，钱重要还是命重要？命没了，钱拿来作什么用？"

水兔还是摇摇头，落在人家后面足有二丈开外了。

读者要知道，在这么大的风浪中，即便最会游泳的人，能自保已是万福，别说救人了。因此，他的同伴们没有一个救得了他。

同伴越游越远，岸上的人也见到了，齐声大叫："傻瓜！快扔钱呀！再不扔，要没命了！"

水兔再次摇摇头，终于沉到水底去了。

柳宗元听了这个故事，深有感触，叹息道："吾哀之。且若是，得不有大货之溺大氓乎？"

意思是说：我很为他哀伤，普通人尚且如此，难道不会有为了大利而被淹死的大人物吗？

俗语说："人为财死，鸟为食亡。"这是多么腐朽的人生哲学啊。水兔之死不正说明它的可悲吗？

·熟能生巧·

欧阳修（1007－1072年），字永叔，号醉翁，又号六一居士，吉州永丰人。他是我国宋朝一位大作家，不仅在散文、诗词方面出类拔萃，而且在思想上也有许多独特见解。

他有一位熟人，名叫陈尧咨，相貌生得仪表非凡，真是剑眉星眼，鼻直口方，雄赳赳气昂昂，不亚赵云再世，胜似吕布重生。尤其是他的上眼皮的睫毛有寸来长短，眼睛时常眯缝着，轻易不肯睁开，偶然睁开来神光炯炯，威如猛虎。平日里老在自己家里抢枪弄棒，搬石磨、举砘子。

其实他最最擅长的是射箭。每当他射箭的当儿，只见他把心志一收，垂帘内视，摒去一切杂念，澄神定虑，静以俟变，然后满满吸一口气，拿起弓来，搭上箭，左手如抱婴儿，右手如托泰山，觑个真切，左手手指轻轻一松，那箭快比飞星，疾如电射，嗖的一下，便稳稳射中目标。

这天他又在自家后园练习射箭。他射了10箭，9箭射中靶心，心里得意，不免满脸骄气，浑身傲骨。那股子得意劲儿，自不必说。

他的一伙家人们看得兴起，彩声喝得震天价响。

因为后园的门未曾关，只见一个过路的卖油老头儿歇着油担，倚在门边，双手交叉在胸前，斜着眼，漫不经心地看着，一面微微点头。

陈尧咨的一名仆人正好转过头来，见他那股子模样，心里有气，喝道："无知老儿，站在这里干吗？看我家老爷射箭看得呆住了吧？告诉你，我家老爷是随便射射，若是认真起来，箭箭红心，那时候嘛，怕不吓死了你！"

那老头儿笑道："少见多怪！少见多怪！嘿嘿！"

仆人见他满不当一回事，生气道："兀那老儿，我且问你，你几时见过射箭有这么好的手段？"

那卖油翁道："关起大门来自吹自擂自然不错，若是见过了大场面，那也就认为没有什么了。"

仆人见他口出不逊，喝道："你是讨打是不是？竟然说出这样的话来，你说，你说，你几时见过这样好的武艺了？"

陈尧咨正要回去，听见仆人在吵，问道："你在跟什么人说话？"

仆人道："老爷在上，凡是见过老爷射箭的人，个个佩服得五体投地，惟有这老头儿一脸的不屑，小的正教训他呢。"

陈尧咨平日里最最自豪的是自己的射箭，听说人家不拿他当一回事，自然心里有气，大踏步走上前去，说道："瞧你这个老头儿，你也懂得射箭吗？"

那老头儿道："小老不懂。"

陈尧咨道："既然不懂，为什么敢笑我的射箭？"

那老头儿道："笑是不敢的。只是觉得也没有什么了不起罢了。"

仆人在边上喝道："好大的胆子！你觉得没什么了不起，你倒去射几箭我们见识见识。"

陈尧咨冷笑道："你既然敢笑话我，一定精通射箭。莫非我的射箭技术不精，不入你的法眼是不是？"

那老头儿道："精与不精，小老不敢妄说。只是小老觉得你也不过是手熟罢了。"

陈尧咨越发有气，道："好说！你这是从哪里看出来的？"

"就凭小老舀油上看出来的。"

陈尧咨心里一惊，心想："嗯，莫非这是一位江湖异人，真有绝技在身？"心里这么一想，嘴里便客气了许多。

他道："就凭舀油之技上看出来？那么老先生能不能一显身手，也让在下开开眼界？"

那老头儿道："这也没有什么。老爷要看，自然献丑。"

只见他走到油担旁边，从从容容地取出一只小小油瓶，拔去瓶塞，搁在地上，再打开油桶，取下油勺，伸手将油勺伸进油桶，满满舀出一勺油来，然后高高举在瓶的上方，离瓶足有三尺高低，漫不经心地将手轻轻一侧，那油犹如一根细线一般直奔瓶口，既不左偏，也不右侧，眨眨眼，便将油一滴不剩地倒入油瓶里去了。他眼睛不斜，手不颤抖，那油恰如长了眼睛一般，一丝一毫也不挂出瓶外。

仆人站在一边，道："这有什么难的？你也容我倒上一勺吗？"

老头儿道："小哥不妨一试。"

仆人接过油勺，先舀了半勺油，举低了小心翼翼地一侧，谁知那油早已挂出瓶外，流了一地。众仆人个个不服，一一试了，没有一个能干干净净倒入瓶子的。

陈尧咨自己也试了一试，这才领悟倒油也似射箭一般，实在不容易。

他换了一副脸容，向老翁一拱手道："老先生神乎其技，在下拜服。"

后来他将这事向欧阳修说了，欧阳修深有感触，于是写下《卖油翁》一文，告诫大家，天下凡事熟能生巧，这是我们学习和工作中应认真记取的。因此，要想获得成功，不下大量的工夫下去是不成的。

·耶律楚材的巧劝·

耶律楚材（1190—1244年），蒙古国大臣，辽东丹王突欲八世孙。曾随成吉思汗西征，窝阔台即位后，更受信任。

元朝统治全国的时间不长，也较少重视文化，于社会进步有贡献的大臣不多，但耶律楚材却是少数的几个思想家之一。他定了君臣之礼，使蒙古国粗有仪制及法制，设编修所、籍所、编印儒家经典，定天下赋税，实在是当时的一位不可多得的政治家、思想家。

下面是他委婉劝导元太宗的一件事。其中也能看出他的一番苦心。

元太宗窝阔台一向嗜酒如命，到了晚年更是如此，每天从早到晚，总是酒不离手，手不离酒。

他的酒量甚豪。凝碧仙酿，芳醇美酒，或自斟自饮，或与人传杯换盏，每次总是举起碗一口喝干。次次吃得酣醉酡颜，废然醉倒。一天少说也有半天是在醉乡中度过的。

耶律楚材是前朝老臣，眼看自己雄才大略的英主天天在醉乡中，不但伤害自身，也要害及国家，心如刀绞，时时劝皇上注意身体。

窝阔台总是笑呵呵地说："多谢爱卿关怀，朕知道了。不过嘛，一个人，一生之中总得有些快乐日子，这才不白白度过了此生。朕将爱卿的话时时放在心上也就是了。"

但他说归说，做归做，每天依旧酣自己的酒。耶律楚材劝劝他，他还嘴里接受；别的人多说几句，他就会变色，沉下脸，道："莫非朕活到老了倒要人时不时地关照着吗？哼！"

众官员一见龙颜不悦，害怕说多了要招祸，也就再不敢说，纷纷倒退着，嘴里说着"是，是"，再也不敢提了。

且说窝阔台有一把心爱的铁酒壶，他将它逐日放在手头，夜置自己枕边，酒瘾上来了总要对着它呷上几口，然后眯着眼睛，细细体会那酒的滋味。日积月累，酒壶本身已斑斑驳驳，那壶嘴上更是蚀缺了一个口，模样儿十分难看，管御膳的多次要为他换一把，他都舍不得，大声说道："你们人人都有心爱手头之物，偏偏朕就不行吗？不要唠唠叨叨地来惹人嫌！"吓得那人连声说"是"，哪敢再提换壶的事。

这天耶律楚材进元太宗的内房里去禀报要事，两人在商量之中，他无意间看见了这把酒壶，灵机一动，心想待我借题发挥一次也好。

临到事情说完了，将退出未退出之前，耶律楚材假装第一次看到，说道："好一把酒壶！"

元太宗顺手握酒壶在手，呷了一大口，道："爱卿还是第一次见到吗？"

耶律楚材伸出手来，道："皇上能借给小臣一看吗？"

于是元太宗就将这把不起眼的小酒壶递给了他。

耶律楚材假装看得津津有味，问道："好把酒壶！皇上，这把酒壶是什么材料做成的？"

窝阔台接过手来，把玩着这把心爱的玩意儿，乐呵呵道："你还看不出来？是铁做的。跟了我少说也有20年了。"

耶律楚材指着酒壶的缺口，道："是呀是呀，才20年工夫已经蚀成这般模样。皇上知道，它为什么成了这模样？"

元太宗傻呵呵地一时说不上来。

耶律楚材接下去道："这可都是酒蚀的啊。它还是铁打的呢。皇上的五脏六腑可是肉做的，长年累月腐蚀下来，能不受损伤吗？"

这句话说得触目惊心，窝阔台瞟了一眼酒壶嘴，脸都白了，好一阵，才点点头说："正是正是，耶律卿说得有理。来人！赐耶律卿银子1000两、绸缎12匹！还有，以后进酒，每天以三杯为限。若是有误，定斩不赦！"

从此以后，他还真戒起酒来了。

· 砸菩萨 ·

我国民主革命的创始人、革命家、思想家孙中山（1866—1925年），名文，字逸仙，广东香山县人。他曾组织中国同盟会，领导了辛亥革命，推翻了清朝统治，结束了两千多年的封建君主制度。

1883年的秋天，未满17岁的孙中山与几个小朋友，一起去翠亨村玩。

时当秋暮，遍地寒花，映着朝阳，愈显清艳。几个孩子，沿着堤沿走去，边走边说说笑笑，但见湖堤草木，尚未凋落，可是蓼花红透，枫叶已丹，沿堤望过去，翠叶青竹行里，时有三五红叶点缀其间。道旁更是野菊盛开。秋花繁艳，衬得秋光十分明丽。

忽然听见不远处木鱼及钟鼓之声一阵阵传来，空山回响，十分引人。远远看去，只见两行参天杉桧，繁阴森林直达山门。山门后殿宇崇峻，原来是个北极殿。

一位同学提议道："好座庙宇！我们进去看看！"

众孩子轰然说好，于是大伙就一哄去了。

走近了看，只见梵宇僧楼，与那苍松翠柏高下相间，红的火红，白的雪白，青的靛青，绿的碧绿。粉墙朱柱，曲廊石槛，到处都是名流题识牌匾，建筑颇为端雅。进了庙看见神案上五供齐全，许多村民在那里瓣香奉佛，热闹非凡。

孙中山一直来就不相信菩萨，上前问一位老婆婆："这是什么菩萨？"

那婆婆恭恭敬敬道："这位是北极帝君，边上是金花夫人，极其灵验。小官人，趁这机会快快拜上几拜，让菩萨保佑你将来升官发财吧。"

孙中山笑道："婆婆公公也真是，它们原是泥土塑的，木头雕的，虫子要咬，老鼠要在它们身上打洞，它们还拿它们没办法，如何能保佑我们？还不是和尚道士造了出来骗人钱财的？"

那几个正在顶礼膜拜的农村大娘大爷听了，齐声连念"阿弥陀佛"，责怪他道："小小孩子，红口白舌，罪过！罪过！"

孙中山道："其实菩萨替人骗钱还在其次，更大的可恶，还在于它们让人将希望都寄托在它们身上，不去依靠自身的努力。譬如说吧，别人欺负了你，盘剥了你的钱财，你不反抗，反说这是你自己做的孽，罪有应得；那些干了坏事的人，不用去惩罚他们，菩萨自会在下辈子让他们去做牛做马。这不是骗人是什么？"

其中一个老人指着他说道："你这小孩子才从你娘的奶头上拉了下来，多大年纪，懂得什么？你这样诅咒菩萨，当心菩萨让你肚子痛起来。"

当时还属清朝年间，人们普遍迷信得很。起先与他同去的几个孩子还兴致勃勃地看孙中山与他们争辩，后来听说菩萨要罚，免不了紧张起来，纷纷拉他的手，劝他道："好了，好了，我们别处玩去吧。"

孙中山见连读过书的同学们都这般相信菩萨，心里有气，为了证实自己无神论的观点，他提高声音道：

"这样吧，现在我去打折菩萨几条腿几条胳膊，如果菩萨当场让我肚子痛了，那么菩萨真灵；如果没有这回事，你们就都回去干自己的活去吧，不要再为菩萨浪费时间了！"

说完了，他噗的一下跳上供桌，一手拉住北极帝君的右手，猛烈往上一抬，"呱啦"一声响亮，一条菩萨胳膊生生被拉了下来，狼狈地露出了里面的稻草和泥土来。

这时下面的善男信女一片呼喊声，和尚也应声赶了出来。

可是孙中山还是不依不饶，又飞起一腿，踢倒了金花夫人。然后拳打脚踢，没到几秒钟，殿中佛像，已是残破断裂，东倒西歪，全没一个完整的。

那些个和尚信徒，个个吓得目瞪口呆，起先还吆喝几声，后来竟然站在那里，呆若木鸡，嘴里连连说："罪过！罪过！阿弥陀佛！阿弥陀佛！"

那些胆小的同学，早已逃出庙外，一溜烟地逃回家去了。

小时候的孙中山就是这样的一位破除迷信的闯将。

·鲁迅踢"鬼"·

　　鲁迅（1881-1936年）是我国伟大的文学家、思想家和革命家。浙江绍兴人，早年学医，以后改行从事文学创作。1918年开始发表小说《狂人日记》、《阿Q正传》等。他的杂文造诣极高。鲁迅在反帝反封建的斗争中成了中国文化革命的主将，左翼联盟的领袖。

　　他在绍兴教书时，曾经有过一个有趣的故事。

　　这天，他从学校里回来，一到家，他母亲在屋里叫他"豫才，豫才，是你吗？"

　　鲁迅连忙进屋请了安，道："母亲身体可好？"

　　母亲道："我好，不用担忧；倒是你，我在为你担心。"

　　鲁迅笑了起来，说："我在绍兴学堂教书，好好的，有什么要母亲担心？"

　　母亲说："今天我出去串串门，听邻家朱家大婶说，近来偏门外乌龟塘很不安静，已经有三四个人遇上鬼拦路。丢了财物不说，回来个个病得很重。你不要上那里去。"

　　鲁迅笑了起来："瞧母亲说的。一来，鬼是没有的；二来，我也不去偏门外，上学校走的都是大路，母亲不必担忧。"

　　母亲道："这是谁也说不准的事儿，你还是小心些好。"

　　鲁迅道："母亲听说是什么鬼？不会是无头鬼吧？还是吊死鬼，活无常死无常？跟戏里演的，走路两脚合并，一蹦一蹦的？"

　　"这个，人家倒没说。不过七月十三将到，这天相传鬼都放了出来不可不防，免得到时候吃了亏去。"母亲郑重其事道。

　　鲁迅见母亲说得认真，不想与母亲辩驳，只是笑笑，走了出来。

偏生旧历七月十三（鬼节）那天，鲁迅有些事情要上偏门外乌龟塘这一带去。他早忘了母亲的嘱咐，一去二来，天就黑了。

回来的路上，天色漆黑，加上当时市政设施尚差，一路上连盏路灯也没有，换了个人不免有些吓丝丝，而鲁迅虽然个儿不甚高大，人也长得不算健壮，却是生来就不怕鬼神，只见他一手捞起长衫衣襟，大踏步往家里赶。

正走得好，猛听得前面什么地方"吱吱"两声，一个浓浓的黑影转了出来。

鲁迅定眼细看，只见一个瘦瘦的身影迎面而来。这鬼双肩高耸、舌头拖得足有一尺，身穿一领白衣，不是活无常又是谁？只见他双脚合并，一跳一跳蹦了过来。

鲁迅猛地记起母亲的吩咐，心里暗笑：想不到我妈的消息还真灵，只是这鬼似乎不像，却跟戏文台上一般无二，可见是人扮的。

他定了定神，大喝一声道："活无常先生，来得正好，看我等了你多少日子了？！"

说着，他大踏步迎了上去。

那鬼见鲁迅不退反进，呆了一呆，正想张开双臂再吓他一吓，鲁迅已经靠近他。这一惊非同小可，他连忙一个掉头撒腿就跑。

鲁迅大喝道："哪里去？还不与我滚过来？！"

那鬼吓得屁滚尿流，见再没处可躲，一头钻进坟头石桌之下，缩成一团，再不出来。

鲁迅上前踢了他一脚，道："你既然是鬼，怎么反倒怕我？"

那鬼战战兢兢道："先生……先生饶命，小的……小的只是吓吓上城换锡箔的乡下女人，捞几个小钿以养活八十老娘……不想得罪了先生……"

鲁迅一把拖住他，将他拖出来，道："手脚齐全，什么事不好干，为什么装鬼吓人？以后再遇上可没有这么便宜了。"说着，给了他两块银元让他改过自新。鲁迅回家后，将这事讲给母亲听，连一向迷信的母亲听了也笑了起来。

从此这一带再不见鬼。

·苏格拉底的屋子·

苏格拉底（公元前469—公元前399年），古希腊著名的哲学家。

他知识渊博，学富五车，不仅在哲学上造诣很深，就是在演讲上也有独到之处。

当时许多青年，一窝蜂地跟在他的后面，要跟他学习。本地人不说，就是外地赶来的人也不在少数。

苏格拉底的家是间小屋子，连头带尾，也只小小三间：最小的一间是灶间，一个人在里面，第二个人再难进去；再大一点的是房间，一张床一个柜子已难以转身；最大那间是客厅，挤上二十来个人，连张桌子已无法放得。

通常，来听苏格拉底上课的人数以百计，这就往往要里三层外三层，窗外小院子里也挤满了人。

人一多，天晴还好办，苏格拉底的声音清亮，半里开外都听得清清楚楚，人虽在屋外，能听他到底在讲些什么；天一下雨就惨了，热心的青年只好打着伞，站在雨中。这样一站就是几个小时。

他家边上一位邻居首先开口："我说苏格拉底先生，不是我愿意当先生的邻居，能有先生这么一位高邻，我是脸上有光。只是您可是位大名鼎鼎的人物，住在这么一座小小屋子里，未免……未免……"

苏格拉底笑了起来："你是说我这屋子小了一点，是不是？其实我的家具简陋，就不三不四的几件破烂，要大房子干什么？"

那邻居说："不不不，我不是这个意思。我是说，听你的课的人那么多，应该盖间大屋子才是。再说，那才符合你的身份。大人物住大屋子才对。"

苏格拉底只是笑笑，并没与他多说，只说："既然你没讨厌我，那我就很乐意与你为邻。"

过了些日子，又一位有钱人找到苏格拉底，说："苏格拉底先生，我看你的屋子过小，影响你的授课，我正有一幢大房子空着没人住，你不妨搬到那里去住。若是嫌屋子过旧，我有现成的好木料，为你舒舒畅畅造上一幢如何？"

苏格拉底道："多谢先生费心。蜗居过小之说，早已有人说过，但是在下并不在乎。"

那富人道："你别以为我要你破费。那些木材做工，我自会一一替你出手，不花你半个小钱。你住在本地为本地争了偌大的名声，我为此做出一点小小的贡献原也千该万该。"

苏格拉底还是拒绝道："实话告诉你，我的主要财富是学识，至于说屋子嘛，这三间屋已足够装下我那一点简陋的家私了。"

那富人道："你不为自己着想，也得为听课拥挤的青年人想想啊。尤其是大雨天，真是苦了他们。"

苏格拉底道："好说。其实告诉你不妨，那些个青年人中，巴巴儿地赶来，为了追求时尚的属大多数；真肯坚持听下去的属少数，不出几天就剩下没几个人了。我那间破客厅已足够他们坐的了。多谢你的美意，我心领了。"

他到底不肯换屋。

·坚持就是胜利·

古希腊时，有位著名的大哲学家，名叫苏格拉底。许多有理想、有学问的年轻人，投奔到他的门下，当他的学生，听他讲学。

这一年年初，作为新学年的第一天，苏格拉底向学生们讲了人要多活动，这样有利于健康的道理。他还根据自己的体育锻炼经验，说将手臂用力向前甩，再用力向后甩，能通经活血，肩膀和关节不易发炎，坚持下去，身体强壮。

讲了这些道理，苏格拉底郑重地宣布："今天是新学年的第一天，我给大家布置一项很简单的作业，请你们按我刚刚说的，将手臂用力向前甩，再用力向后甩，喏！"说到这儿，他又在讲台上表演起来，还让学生跟着他一起做。学生们觉得很新鲜，嘻嘻哈哈地跟着他做。

苏格拉底接着说："各位要记住，每人每天做300次。早晨、中午、晚上各100次，一天也不要停！"

学生们认为这是再简单不过的事，都不以为然。

第二天，学生们一个个做这种简单的甩手操，大家做得很认真。苏格拉底看了，鼓励大家，就这样做下去。

一个月后，苏格拉底在课堂上问："各位，还记得一个月前，我布置给大家的那项甩手的作业吗？谁坚持到今天的，请举起手来。"

那些坚持甩手的学生将手举起。苏格拉底数了一下，除了十几个人，大约有百分之九十的人，坚持每天甩手。苏格拉底微笑着，对这件事未作任何评价。没有批评谁，也没表扬谁。

日子一天天过去了，转眼又过了一个月，苏格拉底作了次统计，坚持甩手的人只有八成了。

到了下半年，仍在甩手的人只剩下一半了。苏格拉底仍然未作评价。他不鼓励学生们去甩手，也不批评没甩手的人。

又过了几个月，不少同学已将甩手的事儿忘到九霄云外去了。

转眼间，一年过去了，新的一年开始了。开学第一天，苏格拉底站到讲台上，又提起去年布置的甩手的作业。他笑着问大家："仍然在甩手的同学，请举起手来！"

这时，偌大的教室里，只有一个人，高高地举起了右手。这个人就是柏拉图。

柏拉图，就是后来古希腊的伟大哲学家。

事后，当学生们问苏格拉底，这甩手的作业，为什么只有柏拉图一人能完成的道理时，苏格拉底说："你们该明白，人生如同一场长跑运动，我们都朝着自己的目标奔跑，你只要永不放弃，就可以到达终点，达到目的。你若半途而废，那就一事无成，请各位记住，坚持就是胜利。柏拉图就是我们的榜样！"

·苏格拉底的教导·

古希腊大哲学家苏格拉底，不仅勇于实践，勤于思考，善于总结，归纳出不少哲学理论。同时，他还善于讲学，教导别人，把自己的知识传授给下一代。

却说当时雅典城里有位贵族后代，名叫帕尔梅尼。这是位20刚出头的小伙子，他勤奋好学，一心要做一位大学问家。为了求得学问，他要拜一位世界上最有学问的人为师。为此，他拜访了很多名人，有政治家、科学家、诗人、艺术家……但是，他很失望。当他向这些人求教时，他发觉他们每个人都只精通他们自己熟悉的那一行，超出他们自己那一行，几乎懂得很少，有些还不及自己了解得多哩。

帕尔梅尼不甘心，他去请教一位巫师。他问："尊敬的大师，请告诉我，当今之世，谁是世界上最有学问的人？"

巫师脱口而出："苏格拉底！"

帕尔梅尼听了，便去寻找苏格拉底。苏格拉底到处讲学，行踪难寻。帕尔梅尼多方打听，历经磨难，终于找到了苏格拉底。当时，苏格拉底正在小城沃洛斯旅行。他在市中心被几百位求学的人围着。他站在石阶上，正一一回答人们的提问。

帕尔梅尼使出浑身力气，好不容易挤进人群，走近苏格拉底。他虔诚地问："苏格拉底先生，人们这样敬仰您，您一定掌握许多学问。"

苏格拉底微笑着，对他摇了摇头，说："我掌握，但什么也没掌握。"

帕尔梅尼听了，如入云里雾里，不明白苏格拉底说的是什么意思。就在他低头沉思的时候，后面一阵骚动，拥挤的人群将他挤到了一边。他只好站在人群背后，竖起耳朵，听苏格拉底回答别人的提问。

帕尔梅尼一边听，一边观察这些提问的人。他发现，这些人有的是富人，有的是穷人；有的是老人，有的是孩子，他们问各种各样的问题，苏格拉底总是耐心地听别人的提问，随后就详细地向别人解释。解释完之后，他又会反过来提出问题，让别人回答。帕尔梅尼发觉，苏格拉底提问别人的次数，比他回答别人的次数要多。而且，在倾听别人讲话时，他是那样谦虚，那样专注，好像是个认真的小学生，在听一位大学者讲课一样。

其实，苏格拉底平时就是这样，他从不正襟危坐地指教别人，而是时时刻刻注意听取别人的讲述，尽力从别人的经验教训中学到知识，寻求真理。

当苏格拉底和广场上的人群讲完话，大家纷纷挥手告别时，苏格拉底并没有忘记刚才还未来得及谈完话的帕尔梅尼。他看到了帕尔梅尼，他主动走上来，拍拍帕尔梅尼的肩膀说："小伙子，怎么样，还在琢磨我刚才那句话？"

帕尔梅尼点点头，说："是的，先生，您说的那句话，是不是意味着，真正的知识，不是局限在某一个人身上，每个人都有自己所掌握的知识……"

说到这儿，帕尔梅尼停住了。他一时找不到恰当的词句，将下面的话讲完。他显得很焦急。

苏格拉底用力摇了摇帕尔梅尼的肩膀说："小伙子，你说对了。我再补充一句，既然每个人都有自己所掌握的知识，那么，我们就不要放弃任何一个可以获得知识的机会。你说对吗？"

帕尔梅尼听了，用力点了点头，说："先生，我明白了。您这句话，够我终生受用！"

·哲学的功能·

泰勒斯（约公元前624—约公元前547年），古希腊第一位著名的哲学家和科学家。在天文学、数学和气象学方面都有建树，是当时米利都学派的创始人。

在一个满天星斗的夜晚，米利都郊外，一位老人正仰首向天，慢慢地行进在小道上。他走走停停，还不时嘟嘟哝哝，发出一阵阵谁也听不清楚的话语。也许他一心注视着夜空，忘记了脚下的道路，一不小心，脚下踩空，猛地栽进了路边的一口土井。

这一切，都被在附近的一个女奴瞧见了。她"哎哟"一声，正打算上前帮助落井的老人。那人却一骨碌从井里爬将起来，掸掸身上的泥土，又昂首向天，往前走去了。

这时候，女奴已经看清楚落井的人是谁。她"呸"地吐了口唾沫，原来是他呀。这个书呆子泰勒斯，还是个贵族人家子弟呢。听说他年轻时到过埃及，读了一肚子的书，却不想干一件实事，弄得家徒四壁，一贫如洗，连一个照料生活的奴隶都没有。活该！

第二天，哲学家落井的故事，从那个女奴嘴里传出。一传十，十传百，整个米利都的人都知道了。人们纷纷嘲笑他：可怜的家伙！一肚子学问有什么用？哲学有什么用？到头来瞧着天空却忘了地下，落得个灰头土脑的下场！

种种讥讽传进了泰勒斯的耳中，有人甚至当面质问他："什么时候，你能够用满肚子的哲学改变目前的困窘？那些漂亮的知识在现实生活里有什么实际的效用？"

泰勒斯听了，只微微一笑。他让人们耐心等待，那一天总会到来。他对那些只重功利的看法很不以为然，他心中早有对策，只是"天机不可泄漏"罢了。

到了这年初冬，一向不问世事、只钻研学问的泰勒斯突然忙碌起来。他拜访米利都所有橄榄油作坊主，提出要求，要把他们的榨油房都租下来。他因此花光了自己本来已经十分微薄的积蓄，还借了好多债。

泰勒斯的举止，立刻招来全城更大的一阵嘲讽。可笑的书呆子呀，这几年多灾多难，橄榄的收成一直不好，他把那么多榨油房都租了下来，明年用它们榨些什么呢？只有那些作坊主心里暗暗高兴，这亏本的买卖总算有个冤大头去顶着了。他们赶忙用较低的租金，把自己榨油作坊统统租给了泰勒斯，然后憋着一肚子的好笑，去数自己饱饱的钱袋。

出乎人们的意料，米利都一连歉收了几年的橄榄田，第二年居然获得了大丰收。挂满枝头的橄榄被一筐筐收了下来，人们急着寻找榨油的作坊，好把丰收变为滚滚的财源。榨橄榄油作坊的租金越来越高，一下子翻了几番。泰勒斯依旧像去年一样，没有竞争对手。他靠出租作坊，一下子发了大财。

这下子，再没人敢小觑泰勒斯了。人们接二连三，登门拜访，到泰勒斯那儿求询发财致富的诀窍。

泰勒斯依旧微微一笑："我的哲学告诉我，世间的万事万物，总是有着必然的联系。去年我始终观察天象的变化，气候的规律，从自然现象的征候中发觉，一连几年的歉收即将结束，今年将迎来一个橄榄丰收年。是哲学和知识教会了我，谁说它们一无用处？"

听了泰勒斯一席话，人们又感叹又懊悔。想不到哲学和知识居然会包含着这么多玄机妙算，真叫人吃一堑长一智呢。

"不过，"泰勒斯接着说，"我的抱负并不在发财致富。我只是想告诉大家，拥有了哲学和知识，要致富并不是一件困难的事。"现在，泰勒斯拥有了财产，他可以用这笔钱，继续开展自己的研究，进一步拓宽他的知识领域了。

·神秘的"数"·

  毕达哥拉斯（约公元前580—约公元前500年），古希腊著名的哲学家、数学家。

  萨摩斯岛位于远离雅典的大海之中，终年阳光灿烂，碧海环绕，物产丰美，是古代希腊数一数二的自由之邦。那也是毕达哥拉斯的故乡，萨摩斯岛给了他生命，养育他成长。

  但是，当毕达哥拉斯远涉重洋，去埃及学习，回到故土后，却总是感到自己跟萨摩斯岛和居住在岛上的同胞们格格不入了。毕达哥拉斯觉得不再被自己的乡人容纳，连萨摩斯岛的统治者，也总提防着自己。唉，曲高和寡，他们都是些缺乏知识的愚昧之辈，怎能跟识破了天机的哲学家同日而语呢。

  这一天，街道上又出现了毕达哥拉斯的身影。满街的人早熟悉了他的样子，看到他像往日一般边走边喃喃自语，神情恍惚，忽而双眉紧锁，忽而满面笑容，知道他又快要做出惊世骇俗的行径了，就像上次他忽然宰了100头牛，来庆祝自己一个"伟大的发现"一样。

  其实，毕达哥拉斯自我感觉良好。他深深体会到，自己已经沉浸在超越哲学界限的途中。他现在苦思冥想的，是音乐与数的关系。为什么弦长弦短会发出高低不同的声音？这与弦的粗细又有什么关系？它们与数又有什么联系？解开了这些谜底，他就可能得出又一个惊人的发现，甚至寻找到事物的真谛。

  这时，一阵悦耳的叮当声从巷子深处传出。毕达哥拉斯知道，那是巷子里一家器皿作坊的工人们捶打砧床发出来的。咦，为什么锤头会发出这般动听的乐声？他紧蹙双眉，停下了脚步，仔细聆听了一会

儿。突然间，一个念头闪过脑际，像醍醐灌顶般，想通了这几日百思不得其解的问题。他拔腿便跑，抢在一辆过路的马车之前穿过街道，一溜烟钻进了小巷。

毕达哥拉斯来到作坊，两耳里灌满了锤头的敲打声，两眼却紧张地分辨着工人们舞动的锤子。观察了半晌，他终于让工人们停下敲打，取过他们手中各不相同的锤头，称量它们的重量，又一一敲打砧台，记录结果，等结果完全得出，他不禁手舞足蹈起来，他终于又找到了另一个证据，证明这世界的一切变化，都跟伟大的"数"有关。

当毕达哥拉斯和他的弟子们兴高采烈地议论着新的发现时，萨摩斯的统治者们却因为得到密报而忧心忡忡。上一次，因为毕达哥拉斯发现了直角三角形三条边的关系，他就宰了100头牛大宴全城，弄得人心惶惶。这一次千万不要再发生什么事，惊扰这和平安定的自由之邦才好。

去打探消息的人不断来报告，说这一次毕达哥拉斯从作坊的锤头上发现，音响的高低跟锤头的重量成反比。他们正在欢欣鼓舞，宣称世界万事万物都跟"数"有关，生于数，归于数，"数"才是永恒不变的东西。

这还得了？希腊人相信，冥冥之中，是天神在主宰一切，怎么变成什么"数"了？萨摩斯的统治者们决定防患于未然，打算以亵渎天神的罪名审判毕达哥拉斯和他的弟子们。毕达哥拉斯只得逃亡出国，来到麦塔彭杜姆。

到了新的地方，毕达哥拉斯和他的门徒变得更加谨慎小心。他们建立了学术、宗教和政治三位一体的神秘团体，形成了带有神秘色彩的清规戒律，团体内部的情况极端保密。他们的哲学观点只靠口口相传，不准记载。

这样做，本来是为了逃避统治者迫害。谁想越是秘密，越发引起统治者的怀疑。到公元前5世纪末，毕达哥拉斯学派便在统治者的迫害下，被杀被逐，最终烟消云散了。他的观点，经过改头换面，融入其他的哲学派别之中。

·苏格拉底之死·

苏格拉底出生在雅典附近的河洛佩凯，曾经跟父亲学过雕塑。到40岁的时候，他成了雅典知名的人物，担任过雅典公民会议当值委员会的成员，培养过许多学生。

苏格拉底又是一个"怪人"。从外表看，他头秃顶，阔脸，鼻子扁平，像个丑陋的脚夫；他长年光着一双脚，披着件破长袍，生活简朴，瞧见货架上琳琅满目的货物，会吃惊地说："这里不少东西我用不着！"

苏格拉底个性鲜明，一切违背法律和公正的事，他都反对，不管那不是强有力的统治者提出的，还是多数人认可的。因此，苏格拉底常常因为倔强而得罪人，甚至遭到打击和迫害。

公元前403年，雅典的民主派推翻了独裁者克利提阿斯。这位独裁者正是苏格拉底的学生，有人担心苏格拉底会受到株连，更多的人却举出实例替苏格拉底辩护。在克利提阿斯统治时期，苏格拉底跟这位弟子关系十分紧张。有一次，学生要老师带四个人去逮捕富翁列昂，剥夺那人的财产。苏格拉底坚决反对，认为这种暴行违反法律，还在公开场合进行谴责。师生间的矛盾让独裁者恼羞成怒，下令不许苏格拉底再收学生，禁止他跟一切学生接触。

照理说，苏格拉底不应该因为不肖弟子而遭连坐。但是，克利提阿斯被推翻反而增强了苏格拉底的威望，这种结果无论如何是新统治者们不愿看到的，为了"防患于未然"，一场针对苏格拉底的阴谋终于酝酿成功。

以一个无名的悲剧作家米列托斯为首的三人集团，终于向法庭提出了指控，罪名除了克利提阿斯问题外，还有"不敬国家所奉的神，宣传其他新神，败坏青年"，等等。按这些罪状，在当时是要判处死刑的。

公元前399年5月初，审判苏格拉底的法庭辩论开始了。按规定，被控告的人可以当堂替自己辩护，还能提出一个跟原告不同的处罚办法，由法庭选择哪一个作为判决。苏格拉底充分利用了这个规定，在法庭上作了一场雄辩的演说。

苏格拉底首先公开阐述自己的哲学观点。他认为自然是神创造的，那不是哲学家研究的对象。哲学家研究的是伦理道德，因此不可能宣传新的神，不是对神的亵渎。

苏格拉底说，美德和知识是合一的，人们必须认识普遍的道德规范。他传授哲学知识，是要以美德施教于人，绝不是败坏青年。但是，真理也具有相对性，在一定条件下会向反面转化。克利提阿斯也是他的学生，却走向了反面。那只是一个特殊的例子，他的许多学生绝不像克利提阿斯。

苏格拉底认为自己无罪，只有利于社会。合理的处置应该是，让他终身享受卫城圆顶厅提供的免费餐，而不是其他。但是，为了尊重法庭，他不得不提出自己的建议。就让法庭宣判自己这位宣传美德的哲学家罚款30明那，以了结这场本来不该有的官司。

可惜法庭早有成见，那些法官们又根本不想去听苏格拉底关于哲学的演说，到庭的很多人又难于理解他"美德即知识，愚昧是罪恶之源"的道理，苏格拉底的雄辩终归无效，他被法庭判了死刑。

苏格拉底没有被立即处死。5月份，是希腊人去提洛岛阿波罗神庙朝圣的日子，30天内不准处决犯人。苏格拉底被关押在狱中，等候30天过去。

在关押期间，苏格拉底的好友克利托等人设法营救他。他们买通了狱卒，劝他逃出雅典去。克利托百般劝说，苏格拉底却坚决不从。他认为，服从法律是人最基本的美德，他不愿违背自己的信条，败坏哲学家的美誉，他宁愿去死。

　　30天转瞬即过，圣船帕拉格斯号从提洛岛回到了雅典，苏格拉底的最后一天也来到了。那天晚上，他把妻子和亲属都赶出牢房，留下克利托等人，跟他们侃侃而谈，谈的是"灵魂不死"的哲学问题。

　　然后，苏格拉底镇定自若地从狱卒手中接过毒药，仰首一饮而尽……

·哲学家的财富·

德谟克利特（约公元前460—公元前370年），古代希腊伟大的唯物主义哲学家，原子论学说的创始人之一。

德谟克利特是阿布德拉人，他的父亲达马西波斯是一位富有的奴隶主贵族。自从达马西波斯去世后，他的第三个儿子德谟克利特就离开了阿布德拉。他这一去，就是20年。人们已经渐渐淡忘了这位从小热心研究学问的年轻人，仿佛他从来就没存在过一样。

那一年，阿布德拉城里传出一个消息，达马西波斯家消失了几十年的第三个儿子德谟克利特回来了。见过他的人都不相信，这就是当年受过良好教育的年轻人。他穿着落拓，身无长物，近乎一个乞丐，有的只是两鬓白发和双眼中流露出来的成熟。

在验明正身之后，阿布德拉城里立即扬起种种议论。想当年，老达马西波斯去世时，每个孩子都分到了不菲的遗产。其他几个孩子至今家道殷实，受人尊敬，为什么德谟克利特会变得如此贫穷？他分到的钱花到哪儿去啦？真是个败家子。

按照当地的规矩，儿子应该继承父业，保持和增加自己分到的家产。如果做不到这一点，就要受到亲属和整个社会的谴责，如果发现他行为不端，就会把他当败家子推上法庭，接受审判而定罪。审判的结果，不是下狱就是被驱逐出境。那种结果，等于宣判了死刑。

于是，公民会议向德谟克利特发出传票，要他在会议上向全体公民说明这些年的行踪，并交代所继承财产的去向。公民会议将根据他的辩护，决定对他的处理。

这样的会议在阿布德拉已不多见，因此开会那天，几乎所有能参加的人都到场了。人们都想听听这位天涯浪迹的游子的故事，看他究竟怎样替自己辩解。

公民会议开始了，唱主角的德谟克利特来了。他穿得依旧那么寒酸，只不过夹着一大捆羊皮纸，那大概就是他身外惟一的财富了，可怜的人儿。

德谟克利特开始了自己的辩护。他从自己年幼时说起，年幼的时候，他是个好奇的孩子，心里总有许多问题。来到海边，就想为什么近海的石头大，离海岸远的石头小？到林子里，就想为什么麻雀只跟麻雀在一起，不跟其他鸟儿合群？为了想通这些，他常常废寝忘食，总是解决不了心头种种疑惑。他这一席话，勾起人们种种回忆，心里只觉得跟德谟克利特亲近了许多。

接着，德谟克利特讲起了自己离开家乡，到各处求学、寻找问题答案的经过。他到过埃及，向祭司学习几何，跟土地丈量员一同实践这些知识；他到过印度，听裸着上身的智者讲玄而又玄的哲学；他听过苏格拉底讲课，跟圣医希波克拉特斯过从甚密。他漫游了地球的绝大部分，探索了最神秘的现象，但心底的疑问总是无法解决。

直到他遇上原子论的创始者留基伯，心头的疑惑才得到了解答。说着，他翻开带来的羊皮纸书，这是他最近的著作《大世界》，宣读他对世界的认识。

"过去，"德谟克利特说，"我只注意物体表面的区分，没有从物体的本质上去理解世界。"他说，世界上万事万物，不管有多大区别，都是由小得不能再小的原子组成的，原子与原子之间便是虚空。原子与虚空以不同方式组成一切，水、火、土、风，甚至太阳和月亮。这便是世间万物既多样又千变万化的原因。

读完他的《大世界》，德谟克利特说："是的，我在漫游世界中耗尽了我父亲给我的遗产。但是，金钱换来了知识，发现了真理。跟父亲的遗产相比，知识和真理是一笔更大的真正的财富，我决定把这笔财富奉献给阿布德拉城，我将终身为家乡服务。"

听完德谟克利特的辩护，公民会议决定接受德谟克利特的建议，资助他继续研究哲学。在以后的日子里，他一共写了60种科学著作，被称为世界上"第一个百科全书式的学者"。

·圣哲遇难记·

柏拉图（约公元前427—公元前347年），古希腊著名的哲学家、教育家。改革家梭伦的后代，原名阿里斯托克利，因为长着宽阔的肩膀和阔阔的额头，才得了个绰号"柏拉图"。

柏拉图是苏格拉底的学生，他完全接受了苏格拉底"美德即知识，贤人治国"的理论，毕生为建立一个理想国度而奋斗。但是，他在苏格拉底门下只学了8年，苏格拉底便被雅典民主派处死。柏拉图只得离开雅典，开始了长达12年的海外漫游。

公元前387年，柏拉图接到了希腊海外最大的殖民国家的邀请，到西西里岛的叙拉古任职。狄奥尼修一世诚恳的邀约，使柏拉图心中萌生希望。在柏拉图心中，城邦式的希腊已经百病丛生，叙拉古或许可以实现自己理想国的目标，成为一切国家仿效的榜样。

可是，到叙拉古不久，柏拉图就感到失望。统治着叙拉古的狄奥尼修一世，热衷的只是军事实力，根本不愿听柏拉图"道德治国"的宏论。尽管叙拉古有不少崇拜柏拉图的人，柏拉图跟不少人建立了良好的关系，但他跟国王却始终合不到一处。"同床异梦"的日子真不好过，这里无法实现自己的理想，还是到别处寻找机遇吧。狄奥尼修一世再三挽留，双方拉拉扯扯弄得很不愉快，也无法动摇柏拉图回希腊本土的决心，他终于登上了回归的海船。

海船离开西西里岛东去，驶出海港才两三天，迎面就遇上了海盗船。十数条大汉跳上甲板，不由分说，把柏拉图和其他乘客统统抓到一个小岛上扣押起来，宣布以10天为限，让人质的亲友花钱赎人。假如10天内没人来赎，余下的人就要被卖到地中海的彼岸当奴隶。

日子一天天过去，每天也有来赎的人。留下的人眼巴巴望着太阳早上从东方升起，傍晚又从西边落下，心里实在不是滋味。想到日后可能去当奴隶的苦楚，更是彻夜难眠。身受这种煎熬，没有哪个不唉声叹气，度日如年。

只有柏拉图一人，依旧沉湎在自己的哲学思考之中。面对无法无天的罪恶行径，他开始在自己理想国的构图上，添加一点必要的修正。如果道德无法推广，贤人又回天乏力，理想国恐怕要增加一点法律的力量才行吧？

直到第九天，当赎金的价格已涨到20明那，未被赎出的人都已绝望的时候，海盗终于把柏拉图唤了出去。他们宣布，已经有人替他出了赎金，柏拉图可以离开，设法回到希腊本土去了。

个人的生死存亡，对于一位哲学家来说已经不重要。柏拉图只想知道，解脱自己灾难的那个人是谁。任何以道德为第一的人，是绝对不能不知道自己的救命恩人的姓名的。知恩图报，是他做人的原则。

但是，海盗们却轻轻一笑，只告诉他，不能泄露那个人的姓名。否则，国王绝对不会饶过那人。保密是他们海盗办事的原则。聪明的智者立刻省悟到，这次绑架一定有更大的阴谋，说不定叙拉古那位独裁者就是幕后的主使。不能为我用者即除之，正是一切独裁者行事的准则。柏拉图坠入了更深的悲哀之中。

回到希腊本土，柏拉图决定从教终身。他在晚年又写了《法律篇》。书中表达了他遇难以后对自己理想的修正，当哲学贤人无法实现理想国构图的时候，必须用法治代替贤人治国的人治思想。他在构想理想国中，增加了37名护法官，作为施政的中坚。这样，他的"理想国"，就变成了君主政体和民主政体的混合物。

为了实现自己的理想，他努力在自己的学园中培养治国人才，以致有人把他的学园叫做"政治训练班"。西方的圣哲的经历和所作所为，倒令人想起同一时代东方的圣哲孔丘。历史确实有惊人的相似之处。

·精英之死·

阿基米德（公元前287—公元前212年），是古代希腊伟大的科学家，坚忍不拔地实验科学、造福社会的人类精英代表。

古代的希腊，是天神统治的世界。神的意志主宰着一切；所有的灾难，是神给人的惩罚，人们只能逆来顺受，俯首听命；即使惨遭失败，国破家亡，也无法违抗。

但是，崇高科学创造的学者智人却不这样。他们通过实验，发现规律，创造文明，改变社会面貌，一定程度上改善了人类的生活，抗击着种种灾祸。他们的思想和实践代表人类进步的方向。古代希腊的伟大科学家阿基米德就是这样一位科学精英，世上流传着许许多多他的有趣故事。

阿基米德在埃及时，为了帮助农民解决取水的困难，发明过螺线汲水器；他改装了滑轮，轻而易举地把一艘海船拖到岸上；他替叙拉古国王称量金冠，揭露金匠弄虚作假的行径，从而发现了阿基米德定律。

种种发明创造，都显示出阿基米德人定胜天的思想。他甚至说："给我一个支点，我能撬动地球。"

现在，摆在阿基米德面前的，是生死存亡的大事。希腊最大的海外殖民地叙拉古，在希腊衰亡之后，成为罗马和迦太基争霸地中海的焦点。公元前216年，迦太基的汉尼拔大败罗马军团。叙拉古的统治者本来在南北两方之间犹豫徘徊，这时候急着跟得胜的迦太基结下了盟约。

没料到，罗马很快恢复了元气，为了在争霸中挽回颓势，他们首先对弱小的叙拉古开刀。浩浩荡荡的罗马战舰，开到了叙拉古港口外。叙拉古危在旦夕。阿基米德挺身而出，要用自己的力量改变天意，保卫叙拉古。

开始的时候，阿基米德的科学力量确实把罗马战船挡在了国门之外。他的新型投石机，射力强，射程远，击沉了好多远远包围叙拉古的罗马战船。

在叙拉古的城头，阿基米德装了许多吊车。当罗马战舰稍一靠近，吊车的巨臂就能把它们从水里提起，弄得船毁人亡。

当太阳从东方升起的时候，阿基米德召集起叙拉古所有的妇女、老幼，排成扇形，手持铜镜，把阳光聚焦到罗马战船的风帆上。温度越来越高，船帆刹那间燃起熊熊烈火，吓得罗马士兵丢盔弃甲，狼狈跳水逃命。他们以为这是上天发怒，祭起火球，帮着叙拉古人。

等弄明白这也是阿基米德的新式武器，连罗马统帅马塞拉斯也只得感叹，阿基米德威力无比，苦笑着承认，这是整个罗马军团跟阿基米德一个人的战争。

马塞拉斯包围叙拉古整整三个年头，叙拉古终于回天乏力。外有强敌，内部出现了叛徒，城池被罗马人攻了下来。这时候，马塞拉斯猛然想起了阿基米德，赶快下令，一定要活捉住他，不能伤他性命。

他的命令下得太迟了。一个罗马士兵冲进阿基米德家，只见一位老者正俯身在沙盘上，还在专心研究他的几何图形。罗马士兵杀红了眼，向老人一剑刺去，那位老人只来得及喊出一句话："别踩坏了我的圆！"就惨死在士兵剑下。

这位老人就是阿基米德。他直到为祖国献身前的一刹那，还在坚持自己的研究，哲人的坚忍不拔，将流芳千古。罗马士兵的野蛮，屠戮着希腊哲人的文明精神，给后代留下了无穷无尽的遗憾。

·古代的伏尔泰·

琉善（约125—约192年）出生于幼发拉底河畔的萨莫萨塔城；后定居雅典，从事哲学和文学研究，是宣传无神论的哲学家。

160年左右，年近不惑的琉善从现在的叙利亚一路西行，举家迁徙到雅典去。他本来是从事讲演术教学的，一直向往着有讲演术故乡之称的希腊左都，觉得那里才是自己的归宿地。

一路上，心怀憧憬的琉善看到的却是种种不平等，穷苦人得到的不公正待遇，还碰巧遇上了正在布道的基督教先知佩雷洛林。此人的劣迹琉善早已听说，这次又亲眼目睹了他招摇撞骗的把戏。

这一切，让专心于讲演术的琉善内心受到猛烈的震动。他陷入了对人生和哲学的沉思，这些不公平的事实的来源究竟是什么？罪恶的根源何在？当他来到雅典的时候，已经下定决心抛弃讲演术，做一个探求人生和哲学的研究者。

雅典的现状更让琉善伤心不已。曾经是文化昌明之都的圣城，如今变成罪恶丛生之地。最可笑的，是他们把社会种种不平等现象，构进了神话之中，又用神话来指导着社会上的种种不合理的特权和腐败，把这一切看做天经地义、永世不变的规则。琉善开始用希腊正在流行的戏剧形式，展开了对宗教迷信的批判。

他的第一部戏剧，名叫《演悲剧的宙斯》。宙斯是古代希腊的最高神祇，创造万物的统治者，在琉善的笔下，却成为嘲弄和抨击的对象。社会生活中一切混乱状态，都被琉善搬进了宙斯统治下的天堂。好人在那里受尽磨难，卑鄙之徒却个个横行霸道，享着无上的尊荣。琉善的语言是辛辣的，常常使观众哄堂大笑。大笑之余，人们不禁引

发深思：这样的天神难道值得我们去尊崇？天神们的意旨难道一定要我们百依百顺地去执行？琉善的戏剧得到了雅典广大公民的欢迎。

初战告捷，琉善想起了来雅典路上见过的佩雷洛林。那个借宣传宗教招摇撞骗的家伙，更应该拉到戏台上去示众，狠狠鞭挞他一通。于是，他的另一部轰动雅典的戏剧《佩雷洛林之死》紧接着问世了。

在琉善的剧本里，佩雷洛林是个冒险家、流氓兼无赖。在家乡，这个恶棍无恶不作，甚至把自己的父亲勒死了。他无法在家乡存生，只身出逃到巴勒斯坦。凭着一张能言善辩的嘴巴和孤注一掷的冒险伎俩，摇身一变，变作了"先知"和耶稣第二，用一番胡言乱语赢得一批宗教狂的信任。接着借布道之机，大肆掳掠供奉，过起了荒淫无耻的生活。

但是，当一次布道之际，他为了沽名钓誉，谎称自己有能耐跳进火堆不死。当他冒险冲进熊熊燃烧的火堆表现神迹时，预先准备好的逃生之路出了故障。他无法按计划脱逃，活活烧死在火堆之中。

琉善的矛头，毫不留情地指向所有的宗教。他立场鲜明，昭示着自己无神论的思想。他这种思想，当然会招来种种攻击和迫害，为此他丢掉了雅典的公职，没有了饭碗，贫病交迫的琉善只得重操旧业。但是，他这时再去教授讲演术，人们再也不肯给他优厚的报酬。不久，他便在贫困中无声无息地死去。

宗教界在他死后多年依然不肯轻饶他。他的著作一直被列为禁书，《佩雷洛林之死》被禁了一千多年，基督教徒不断诅咒他，说他在地狱里，跟魔鬼一并永受处罚。而他的思想，却受到后人的尊崇。因为他用文艺的形式宣传无神论思想，就像伏尔泰也写过讽刺剧《欧第伯》一样，恩格斯称他为"古代的伏尔泰"。

·惟一的途径·

罗吉尔·培根（约1214—1292年），13世纪英国伟大的思想家、哲学家。

牛津大学校园里，又爆发出一阵争吵的声音。人们知道，那肯定是罗哲尔·培根的倔脾气再次发作了。这位年轻的哲学教授，太爱钻他的牛角尖。

那是一个黑暗的年代。教廷只许人们崇拜神的权威，宗教迷信统治了一切。就是在大学讲坛上，教授们也只能照本宣科，讲述亚里士多德的结论，不许越雷池一步。

罗哲尔·培根偏偏不信邪，他主张一切正确的结论必须从实验里得出。即使是亚里士多德的说法也必须通过科学实验，才能弄清它是否正确。

罗哲尔·培根跟同僚的争吵，把牛津大学的校长也吸引来了。校长听着听着皱起了眉头，趁大家暂停的当口插话说："培根先生，我请你务必记住我的忠告：亚里士多德是权威，权威是不允许怀疑的！"看到校长也出面了，而且站在罗哲尔·培根的对立面，跟罗哲尔吵过一通的教授们个个点头。有一两个还自言自语："看他还敢不敢胡说八道！"

可是，罗哲尔·培根并没有被校长的权威吓倒。他立刻反唇相讥："校长先生，我也还你一个忠告：当年亚里士多德没有必要的实验的工具，不能证明他的主张全是科学的、正确无误的。"

反了，反了，年轻人真胆大妄为。无名小卒跟大名鼎鼎的亚里士多德较上了劲，真够胡思乱想的。七嘴八舌的责骂声一拥而起，似乎想把罗哲尔·培根淹死在唾沫里。

校长极不开心，虎起了脸。罗哲尔·培根更是一肚子窝囊。他一气之下，辞掉哲学教授的职位，加入圣劳济会，说是要用自己的科学实验，"证明上帝的光荣"。

不久，就传出种种罗哲尔·培根神奇的科学实验的传说。凡是能得到的东西，罗哲尔·培根都要研究一番，从望远镜到显微镜，从阳光、彩虹到雨滴，从炼钢、炼铁到提取磷，他都能通过实验，总结出一条又一条规律来。

只有两样东西，罗哲尔·培根不敢公诸于世。他能让硫黄、硝石变成炸药，发生猛烈的爆炸，他还能制造致人死命的毒瓦斯。这种东西如果落到坏人手里，后果不堪设想。罗哲尔·培根把自己的配方，藏进了无人知晓的暗碉。

当传说变成了神话，赞扬变作夸大的时候，灾祸终于降临到罗哲尔·培根头上。一群士兵，在一个寒风凛冽的清晨，冲进了他的住处，把他押上了宗教裁判所。

"上帝的光荣能由你来证明吗？你竟敢用上帝创造的东西来做罪恶的实验，你可知罪？你敢反对人人服从的法规，制造异端邪说，现在人赃俱在，你还有什么可说的？"一阵阵辱骂轮番轰炸之后，罗哲尔·培根被投入教会的监狱，宗教裁判所决定关他一辈子，让他永世不得翻身。

幸亏在他牢底快要坐穿的时候，得到允许会见自己当年的学生。他赶快把自己在狱中想了千遍万遍的实验结果偷偷传授给他们，并告诉他们："每一个具有人的精神的科学家，都应该实验，实验，永远实验下去！"

当罗哲尔·培根真的坐穿牢底，被放出来的时候，他已经白发苍苍，步履踉跄，不久就含冤离开了人世。

·莱比锡宗教大辩论·

马丁·路德（1483—1546年），德国影响深远的宗教改革思想家。

那是1517年的深秋，从遥远的罗马，教皇派遣他的红衣主教特兹尔，又一次来到德国推销赎罪券，出售圣物。那目的据说是为了征集建造圣彼得大教堂的资金。

10月31日，西方万圣节的前夕，在威丁堡大教堂的正门上，端端正正贴出了一排大字报，那是一篇题为《九十五条论纲》的揭露罗马教廷的罪行的文章。文章一经贴出，立刻吸引了许多围观者，也把特兹尔红衣主教震惊了，他立刻来到现场，仔细阅读这篇讨伐教廷的宣言。

九十五条，一条条令特兹尔怵目惊心。他读到了"很显然，当金币投入钱箱，叮当作响时，增加的只是贪欲"。他还看到："教皇是一切富人的最富有者，为什么不自己拿出钱来建教堂？为什么要花费穷苦百姓的钱？"他更注意到文章作者的结论："教廷的种种罪恶极难描述，人们无法相信，那里的龌龊究竟达到了什么程度。如果有地狱的话，罗马就是地狱。"

简直是反了！特兹尔急忙追问文章的作者。作者本人倒没有隐瞒自己的身份，文章末尾赫然写着"马丁·路德"。他是萨克森州艾斯勒本一个企业主的儿子，身兼文学硕士、神学博士学位，学过法律，原本是位虔诚的教徒，现在在威丁堡大学任教。特兹尔恨恨地记下了这位大逆不道者的名字，立即派人回罗马报告。

特兹尔要德国政府严办马丁·路德，德国的贵族们不肯卖力。他们正在跟教皇暗暗较着劲，力图摆脱教皇的控制，建立统一的德意志国家。对马丁·路德，他们乐得睁一只眼，闭一只眼，或许还在肚子里暗暗叫好呢。

一般的德国人，则对马丁·路德大声叫好。神学博士揭露教廷的黑幕，说出自己心里的话，局外人当然更加相信。马丁·路德去过罗马，他对教皇的丑事，总比别人了解得多吧。《九十五条论纲》立即风靡了全德国。

不久，罗马教廷就传来严厉的敕令，宣布《九十五条论纲》是异端邪说，要马丁·路德到罗马去接受审判。听到这消息，人们拥到路德家门口，坚决不让路德去罗马。一百年前捷克的胡斯教授因为反对赎罪券，被教廷处死在火刑架上，人们对此事记忆犹新，他们不能让马丁·路德重蹈覆辙。

马丁·路德也当众表示，为了真理，他决不屈服，人们取来柴火，点起熊熊大火，把教廷的敕令烧为灰烬。

罗马教廷不肯罢休，他们一计不成，又生一计，指派神学家约翰·艾克来到莱比锡，要跟马丁·路德作一次公开辩论。马丁·路德欣然应约，在全副武装的200名学生保护下，开赴莱比锡。一场破天荒的与神圣教廷面对面的斗争开始了。

约翰·艾克在辩论会上先发制人，气势汹汹大谈教廷的神圣权力，并为赎罪券涂脂抹粉，称它是忏悔的标志，虔诚的象征，进入天堂的坦道，是天主仁慈的体现。他的讲话，不时引来阵阵嘘声。

马丁·路德开始发言了。他不去谈什么赎罪券，而是阐述了教义的真谛。他认为，教义的真谛就包含在《圣经》之中，真正相信《圣经》，灵魂就能纯洁，死后一定升入天堂，完全用不着任何其他东西帮忙。

而且，罗马教廷所规定的种种清规戒律，完全违背了《圣经》。教士不必独身，炼狱并不存在，罗马教廷设置的种种陋俗应该一律废除，这就是他认识到的教义。他还宣布，自己的教会跟罗马教廷决裂，为了区分两种教义，他把自己称作新教的教徒。

气急败坏的约翰·艾克看到无法征服马丁·路德，立即宣布他为异端，并查禁他的著作，最后恶狠狠诅咒他坠入炼狱，永世不得超生。马丁·路德见他黔驴技穷的模样，一笑了之，带着自己的新教徒离开了莱比锡城。

有德意志人民的支持，贵族诸侯也暗中掩护他，马丁·路德倒没有遭到多少真正的惩罚。他身体力行自己的新教教义，不再独身，跟一位修女结了婚，在五六个子女环绕下，安然度过余生。

·永久议会主张平等·

闵采尔（约1490—1525年），德国施托尔堡手工业工人家庭的儿子，反对宗教，主张平等主义的思想家，农民起义的领袖。

1525年年初，一条消息在德国缪尔豪森不胫而走："闵采尔来啦，缪尔豪森将发生大事。"闵采尔是所有工人和农民爱戴的精神领袖，他们自己的神父。这位工人的儿子说的每一句话，都好像出自每个人的内心。你听他说："蛇总和鳗在一起作恶。教皇和所有的坏蛋僧侣就是蛇，世俗领主和统治者就是鳗。上帝将用铁杖敲碎这些破盆烂罐。"在他看来，信仰就是理性，天堂就在此生，不必追寻来世，人民才是上帝意志和法律的执行者。听说，茨威考的纺织工人起义，就是他领导的。缪尔豪森的穷苦人，终于盼来了希望。

果然，3月17日一早，缪尔豪森的手工业者和平民一齐拥向街头，四镇八乡的农民和矿工也一起冲进城内，闵采尔的信徒们指挥着成千上万的起义者，包围了议会和政府官邸。其他的人捣毁修道院，占领了城门。在市中心，人们举行了公民投票，以绝大多数人的名义，撤销了贵族把持的市参议会，宣布成立"永久议会"，整个缪尔豪森，完全落在了起义者的手中，新的政权诞生了。

"永久议会"召开了第一次会议，选举新的议会主席。"闵采尔！闵采尔！"热烈的呼唤声此起彼伏，人们用全票一致选举闵采尔担任"永久议会"的主席，簇拥着他登上讲台，聆听他发表就职演说。

"为什么我们生活在水深火热之中稍感不满的时候，压迫者总会打起天主戒律的旗号迫害我们？"闵采尔大声责问，"因为是他们抢占了世上的一切，又用《圣经》和教条维护他们的权力。如果宗教只替压迫者服务，那么这种宗教就一钱不值。世界必须忍受一次大震荡，卑贱的人必须翻身！"

因此，闵采尔代表永久议会宣布，取消贵族的一切特权，废除私有制；取缔礼拜仪式，没收教会和骑士团的财产。所有的市民都要参加劳动，为幸福的生活增添公共财产。在永久议会的领导下，实现一律平等。为了实现这个目标，起义者出发到周边地区。响应起义，拥护永久议会的人一下子增加到一万多人。

缪尔豪森新政权的建立，以及它平等主义的旗帜引起德意志贵族诸侯极大的恐慌。腓力伯爵一边结集他的贵族军团，一边假惺惺跟闵采尔订立停战协定来拖延时日。当他把军队集中起来以后，立即撕破假面具，向缪尔豪森发出最后通牒："放下武器，交出闵采尔，就可以赦免全城。"

缪尔豪森的全体公民同仇敌忾，决心保卫永久议会，保卫闵采尔。一场力量悬殊的战争开始了。

强大的贵族军团用密集的炮火打开了缪尔豪森城门口用作防御工事的大车阵，炸死了大部分守城的市民，冲进城内，与殊死搏斗的守城剩余士兵展开了激烈的巷战。闵采尔英勇奋战，终因头部受伤，被贵族军团俘虏，被带到了腓力伯爵的面前。

"你忏悔吗？"腓力向闵采尔大声呼喊。闵采尔倔强地闭着双唇，誓死不屈。"诸侯和贵族的权力是上帝赋予的，你敢拿鸡蛋来碰石头？"腓力伯爵几乎要喊破自己的喉咙。

"不，上帝安排人与人是绝对平等的，在天国里，没有贵族，没有诸侯，没有人压迫人！"闵采尔的回答掷地有声。"你敢反对宗教？我杀了你。"腓力伯爵瞪大双眼威胁，"你这异教徒！"

"不，"闵采尔依旧神态自如，"我相信上帝。你们才违背上帝的意愿。"腓力伯爵听了，气急败坏地吼道："下地狱去吧！"

就这样，年仅36岁的闵采尔，为了他平等主义的理想，献出了自己的生命。

·阴谋与光荣·

　　布鲁诺（1548—1600年），意大利文艺复兴时期伟大的天文学家，唯物主义思想家，反宗教统治的英勇斗士。

　　上千年来，经院哲学统治着人们的大脑，禁锢人们的思想。神学家们说，上帝创造了一切，在宇宙的中心创造了地球供人们居住，其他的太阳、月亮和星星，则被安排在四周，环绕地球旋转，照亮白昼和夜空。

　　这种天经地义的说法，首先被哥白尼否定，他认为太阳才是宇宙的中心，地球不过是围绕太阳旋转的一颗行星。他的拥护者布鲁诺又对太阳中心说说"不"。布鲁诺认为，太阳不过也是天空众星之中平凡的一颗。

　　教廷感到了信任危机，立即展开了镇压。高压之下，哥白尼学说的拥护者们受到残酷的迫害，被迫放弃自己的观点，当众忏悔。而布鲁诺则被迫出逃，最后来到英国。这一去，就是15个年头。

　　1593年，一直被教会通缉的布鲁诺突然收到了从意大利威尼斯发来的邀请书。发出邀请的是当地的贵族乔凡尼·莫切尼戈，他是位商人，支持着威尼斯大学的教学和研究，在当地学术界小有薄名。

　　邀请书说了许许多多仰慕的话语，请布鲁诺到意大利惟一自由的城市讲学。莫切尼戈向布鲁诺保证，只要布鲁诺进入威尼斯的大学区，他和学生们一定会用自己的鲜血和生命来保卫他，因为伟大的布鲁诺教授是科学的象征，人们心中的太阳。

　　至于如何进入威尼斯，莫切尼戈也设计了一整套天衣无缝的计划。威尼斯是意大利北部一座水城，除了圣马可广场外主要的港口，

　　许多码头几乎都是不设防的。只要找到一处偏僻的码头，约定在一个月黑风高之夜，布鲁诺完全能够躲开巡逻船，从水路进入威尼斯。莫切尼戈的人会在约定处等候，让布鲁诺躲进一辆兜着黑布篷的马车，一路由人接引到威尼斯大学的自由天地。

　　好多人劝布鲁诺，此行绝对毫无意义，危险性极大。谁能保证那位莫切尼戈不是教廷的密探？他正设计勾引布鲁诺入网，好向宗教裁判所领赏，千万别自投罗网。

　　布鲁诺也清楚前途未卜，但他思乡心切，无论如何摆脱不了回归的诱惑。况且15年来，他已习惯了种种迫害，再也无所顾忌。布鲁诺决心已下，一定要投入祖国的怀抱。

　　一个漆黑的夜晚，一艘小船悄悄靠上了威尼斯郊外偏僻的小码头。布鲁诺只身离船，终于踏上了久违的故土。他环顾四周，瞧不清日思夜想的故国风貌，便按照预先约定，发出了暗号。

　　黑暗中，果然蹿出十数条大汉。他们一拥而上，不由分说，把布鲁诺按进一辆兜着黑色篷布的大车，立即驱车离开了码头，一路颠簸，驰进一座阴森森的修道院，把布鲁诺扔进了潮湿昏暗的地牢。从此布鲁诺再也无法见到天日，等待他的，是漫长的审讯。

　　从1593年开始，布鲁诺经受了长达七年的折磨。无休无止的审问、毒打，被熔化的铅水灌烫，把一位教授折磨得面目全非，体无完肤，双脚浮肿，无法站立。

　　布鲁诺在狱中一直坚持自己的观点，不向宗教裁判所屈服。在他心里，太阳依旧是茫茫宇宙里一颗尘埃，带着地球，在无边无垠的太空运行。宗教裁判所见无法使他屈服，终于下令处死他，"但不要流血"。

　　罗马的百花广场上，火刑架已经支了起来。宗教裁判所向布鲁诺宣读了判词，问他还有什么话说。布鲁诺昂起头宣告："火不能把我征服，未来的世纪会了解我，知道我的价值。"

·黑狱太阳·

托马斯·康帕内拉（1568—1639年），意大利文艺复兴运动后期杰出的思想家、空想社会主义思想的先驱。

16世纪最后10年的一天，意大利一处暗无天日的监狱里，又解押来一批重犯。其中有位30多岁的僧侣，名叫康帕内拉。他本是卡拉布里省农民的儿子，因为家境贫寒，从小就在修道院度日。当西班牙入侵者的铁蹄踩躏意大利国土的时候，他参加了反侵略的战斗，英勇作战，最终被关进监牢。这里，已经是他辗转关押的第20处牢房了。

这里的狱官曾经是宗教裁判所的密探。当他知晓新关押的人犯是位僧侣，关押了这么多所监牢后，还不肯忏悔，竟然继续散布异端邪说时，无名火立时冒出头顶。"打！"狱官吩咐手下的狱卒，"给我狠狠地打！让这种叛逆者尝尝地狱的滋味！"他关照狱卒，没有命令，不许停止惩罚。

无休无止的毒打开始了，狱卒们轮番上阵，把康帕内拉打得昏死过去，浇盆水激醒，再继续下去。这场拷打从上午继续到黄昏，从黑夜进行到天明，直到第二天傍晚，整整延续了40个小时。看到康帕内拉实在不行了，狱官才下令，把他扔进了污秽不堪的尸坑。

横在尸坑中，康帕内拉已经失去了知觉。只感到一阵火炙般的热浪涌向全身，接着阵阵寒气冻僵了四肢，身体哪处略有动弹，钻心彻骨的疼痛便传遍全身上下。他不住劝告自己：我不能死，千万不能死。我就像普罗米修斯，要把天堂里太阳之火传播到人间去。现在经受的，无论是火烤冰冻，兀鹰啄食，都像当初普罗米修斯曾经承受过的一样。我应该像他一样，坚强地忍受一切，把真理之火燃遍人间。

谁也不敢相信，康帕内拉居然熬过了毒打的折磨，顽强地活了下来。康帕内拉奇迹般的生还震撼着狱友，赢得了尊敬，也吓坏了狱官。当局虽然不肯释放他，继续把他从一个监狱转到另一个监狱，却也不再去过多地盘问这个死里逃生的罪犯。

漫长的囚禁生涯给了康帕内拉思索的时间，他经常思考一个问题，为什么世上有人贫穷有人暴富？为什么会产生欺骗说谎、愚昧无知、冷酷无情种种恶习，甚至以强凌弱、卖国求荣？他思考的结论是：私有财产是万恶之源。

他接着构想在自己的家乡卡拉布里亚斯建立一个没有私有财产的国度"太阳国"。那是一个民主共和的国度。那里没有剥削，没有压迫，没有私有财产；生产资料和消费品均属公有；那里人人劳动，男女平等。

康帕内拉还设计出这个国家的制度。全国将由一位才能出众的哲学家领导，他既是宗教首领，又是政府首脑；他有三位圣哲担当助手，一个传播爱心，一个掌管科学，第三个掌握保卫国土的权力。接着还想到了教育，等等。

康帕内拉决定写本叫《太阳城》的著作。可是，监狱里没有纸和笔，也不许传递任何东西。但康帕内拉的执著感动了人们，难友们想方设法，联系狱外的同情者，巧妙地躲过盘查，把笔和纸送进狱内，把康帕内拉的草稿带出监狱誊抄清楚，寻找书商印行。

康帕内拉被关押了整整27年，当初进监狱时31岁的青年，经过这么长时间的折磨，变成了身体虚弱、满头白发的老人。走出狱门的时候，康帕内拉伸出痉挛的双手，面向太阳高呼："啊！上帝！我始终在您怀抱之中！"

是的，康帕内拉的空想社会主义"太阳国"就像黑狱里的太阳一般，深深影响着整个意大利，也影响了全世界。

·最后的探访·

斯宾莎诺（1632—1677年），荷兰著名的犹太裔唯物主义哲学家。

从1663年开始，海牙附近的一座小村里，就来了一位年轻的学者，他叫斯宾莎诺。斯宾莎诺气色不好，身体瘦弱，一双眼睛却闪烁着智慧的光芒。平日里除了靠替人磨光学镜片度日外，就一个人端坐着陷入沉思，或者写一些村民看不明白的文章。他的生活是那么平淡，波澜不起般度过一年又一年。

他从不提自己的家庭和过去。每年，只接待阿姆斯特丹来送给他300弗洛林的一位仆人。给他送钱的可是个大人物，一个叫德·伏里的政治家。偶然会有人寄信给他，他读过后便会一连几天奋笔疾书，把复信寄回去。在人们眼中，他完完全全是个深居简出的隐士。

到了1676年，村子里突然来了位访客，他是德国著名的哲学家莱布尼茨。莱布尼茨从法国巴黎来，回国途中特意绕道海牙，来探访心仪已久的斯宾莎诺。

一见面，莱布尼茨立即为斯宾莎诺的健康担忧。只有44岁的斯宾莎诺，已呈现未老先衰的迹象。你看他十分消瘦，呼吸急促，一激动双颊便出现潮红，显然患有严重的结核病。

莱布尼茨忍不住劝他到大城市找一位大夫，治一治自己患的病。斯宾莎诺微微一笑："既然世俗世界抛弃了我，我又何必再跟它发生关系？"莱布尼茨知道，因为斯宾莎诺反对把《圣经》当做统治世界的经典，因而被犹太教革出教门。被最后的一点维系感情的族人抛弃，正是他心中最大的隐痛。斯宾莎诺这才会到这里过着隐士般的生活。

　　莱布尼茨便从这里谈起，他问斯宾莎诺，那些顽固的犹太教拉比是不是改变了他们的态度。"他们？"斯宾莎诺轻蔑地说，"连祖宗的希伯来文也读不通，硬是把《圣经》说得那么神圣。其实那只不过是古代的历史和传说的记录。他们驳不倒我，才给我加上诅咒，把我逐出教门的。"谈到哲学问题，斯宾莎诺的两眼立即闪闪发光，人也变得意气风发了许多。

　　斯宾莎诺告诉莱布尼茨，这些年他一直在写一本著作《神学政治论》，最近已经完稿。他取出自己的手稿，把一些重要的篇章指给莱布尼茨看，征求他对自己新作的意见。

　　莱布尼茨从手稿中看到，斯宾莎诺原来反对宗教的观点已经有了重大的发展，反对宗教统治已经拓展到反对"君权神授"。本来宗教统治人们的思想，根本目的还是要建立世俗统治的理论基础。反神权政治者必然要反对"君权神授"，这才能把几千年来的罪恶制度彻底摧毁。看到这里，莱布尼茨不禁为他的精辟见解连声叫好。

　　"那么，国家又是如何产生的呢？"斯宾莎诺开始了另一个哲学话题，"我认为它起源于社会的契约。"旧的契约既然是错误的，必定要被另一种制度代替，那就是民主共和制，就像荷兰人在反对西班牙封建统治的独立战争后建立起来的民主政治。

　　两位哲学家越谈越投机。最后，斯宾莎诺又取出自己最近写的《伦理学》，向莱布尼茨介绍了自己对人类历史的认识，并请莱布尼茨把这两部著作带出自己隐居的小村，提供给对它们有兴趣的同行们参考。

　　莱布尼茨对哲学隐士斯宾莎诺的探访结束了，他在小村里取得了极大的收获。可惜在他离开小村三个月后，斯宾莎诺就因为严重的肺结核，悄然离开了人世。

　　也许是上苍特意安排了这一次"最后的探访"，让世人可以从莱布尼茨带出的手稿中，看到哲学隐士斯宾莎诺对哲学的最后思考。

·法院院长递辞呈·

查理·孟德斯鸠（1689—1755年），法国启蒙运动的先行者，伟大的思想家。

1721年，法国波尔多市一个署名波尔·马多的人，出版了一本书信体小说《波斯人信札》。小说出版后，立刻掀起了一场风波。明眼人一看便知，小说中被影射谴责的专制统治者，实际是法国国王路易十五。路易十五奢侈糜烂，荒淫无度，早使法国国库空虚，民不聊生；偏偏他还好大喜功，不断发动战争。这一切，跟所有专制国王一模一样，令人发指。早就对路易十五深恶痛绝的国民们，读了小说无不拍手称快。

宫廷和贵族们此时恰似被踩着了尾巴的猫，号叫着跳将起来。他们立即发动了对小说的围剿。不久，教会也掺和进来。他们把小说视为眼中钉，宣布它为禁书。没收、焚烧，追查作者，要把这个"社会渣滓、败类"绳之以法，以儆效尤。

吵吵闹闹一阵，只听雷声不见雨点，宫廷和教会硬是没弄清，那个波尔·马多究竟是谁。这不仅让贵族、僧侣们大失颜面，更勾起了波尔多广大市民心中的好奇。是的，波尔·马多肯定是化名，但是化名用得如此巧妙，手段这样干净利落，更让本来对小说心存好感的市民，平添了一份尊敬。

人们开始猜想"他是谁"。一连几个年头，反复查证，绞尽脑汁，波尔·马多还是波尔·马多，谁也不知道他的真实姓名。从上到下的大规模搜索，变成了一桩无头公案，落得个不了了之的下场。

谁知一波未平，一波又起。几年后，人们对追寻波尔·马多的热情还未完全平息，波尔多又发生了一桩大事。37岁的大法官、市法院院长孟德斯鸠突然递了辞呈。他卖掉伯父传给他的世袭职务，离开正飞黄腾达的仕途，回家去种葡萄了。

不久就传出孟德斯鸠辞职的真正原因。他自己早已厌恶官场，这种立场使他无法执行公务。而且他坦然承认，写《波斯人信札》的就是他。一位25岁就当了法官，27岁就升为法院院长的公众名人，居然会是波尔·马多！

各种各样的人开始追逐孟德斯鸠。想置他于死地的有，想探究原因的有，还有大量的崇拜者想去瞻仰他的风范。可是，孟德斯鸠已经不在自己的领地上种葡萄了，据说去了巴黎，他要到巴黎去从事科学和哲学的研究。

两年后，巴黎传来消息，说孟德斯鸠学有专长，已经进入巴黎的科学院，还创立了地理分院。珍珠毕竟是珍珠，放到哪里都闪闪发光，孟德斯鸠又成了波尔多人追逐的明星。但是当人们赶往巴黎，发觉孟德斯鸠已经离开了首都，到欧洲四处云游去了。最后，人们才找到他的踪迹。孟德斯鸠终于到了伦敦，正在那里考察英国的科学、哲学和经济。

又过了两年，孟德斯鸠才从英国归来。他一到巴黎，就把自己关进了书斋，专心写作。书斋门一关就是20年，直到他那本惊世骇俗的新著《论法的精神》问世，孟德斯鸠才出面把它介绍给公众。

《论法的精神》综合了孟德斯鸠从欧洲各国，特别是经过资产阶级民主革命以后英国的许多进步的观点。主张把立法、司法、行政三权分开，使它们相互平衡、相互牵制，认为只有三权分立，公民的自由才能得到保证。

孟德斯鸠大胆的主张，立即被宫廷和教廷围攻。法国主教会议宣布它是禁书，就连巴黎大学内，《论法的精神》一书也被查禁。这一次，孟德斯鸠再也不躲避面对面的斗争，他公开为自己的观点辩护，还以孟德斯鸠的名字，重版了《波斯人信札》，细心的读者发现，新版《波斯人信札》中，增加了11封信。那些新增补的内容，把贵族和僧侣们的攻击驳斥得体无完肤，把他们可憎的面目暴露得淋漓尽致。

·伏尔泰伸张正义·

伏尔泰（1694—1778年），原名弗兰苏阿·阿鲁埃，法国伟大的启蒙主义思想家、哲学家、诗人，法国人民崇敬的"思想之王"。

到了1762年，法国保王党和革命阵营之间的斗争，已经达到白热化的程度。贵族、僧侣、法官们纠集在路易十五麾下，大肆逮捕革命者和新教徒，关押、放逐、残害他们，制造了一桩又一桩惨案，一个叫图卢兹的小城里发生的冤案，就是其中之一。

前不久，图卢兹一位公民卡拉家里发生了一桩惨剧，他的儿子自杀了。白发人送黑发人，给这个原本不富裕的家庭平添了许多悲哀。熟人、朋友、邻居纷纷前来劝慰，希望卡拉能度过人生这一劫难。

有一天，愁云笼罩的卡拉家，突然闯进一群士兵，不由分说地把卡拉一家都抓进了监狱。这是为什么？难道因为卡拉是个坚定的新教徒，法官们就要抓他进牢房，还株连他一家老小？消息传来，说是市里的天主教会，控告卡拉杀了他的儿子，法院这才把他收监候审。

对卡拉的审讯开始了。法官一口咬定，是卡拉杀死了自己的儿子。卡拉大声叫屈："他是自杀的。我为什么要杀死自己的儿子？"

法官狠狠地横了他一眼："你儿子自杀之前为什么要跟你吵架？你还想抵赖？"卡拉伤心地申辩："我那儿子不争气，他的店铺破了产，还欠了一大笔钱，我这个当父亲的难道不能骂他几句？上帝啊，他早就萌生了死意。他是想用自己的血洗刷他给家庭带来的耻辱。我那可怜的孩子！"

法官却嘿嘿一笑，打开了天主教会的诉状读起来："可是事实是，你那个儿子原本背叛了上帝，相信你这个邪恶的异教徒。后来他觉悟过来，想皈依万能的主。你这个罪恶的新教徒这才杀了他。是不是？"

面对莫名其妙的控告，在飞来横祸面前，卡拉气得几乎说不出话来，只能大声呼叫："这，这怎么可能？你们怎能相信？"可是，法官再也不想听他讲什么，他们跟天主教会本就一鼻孔出气。法庭竟然宣判罪名成立，匆匆叛处卡拉死刑。没过几天，就把卡拉送上刑场。他们先敲断卡拉的手脚，然后把他绑在马车上，拖过一条街，最后点火把尸首烧为灰烬。还把卡拉的家人驱逐出城。

卡拉的家人知道在法国自己有冤也无处申诉，他们逃出法国，来到日内瓦寻求正义。伏尔泰这时也被逐，就住在瑞士边境。听到了卡拉家人的控诉，他禁不住义愤填膺，决心主持正义，联合国内外自由派人士，替卡拉和他的家人讨回公道。

对法国统治者，伏尔泰早就看得清清楚楚，他自己在早年就写过揭露国王和教会暴行的诗歌戏剧。为了这些，伏尔泰被抓进巴士底狱两次，最长的一次被关了11个月，亲眼目睹过那里的酷刑。他要借替卡拉申冤的机会，把路易政权的残暴统统揭露在世人面前。

在伏尔泰的领导下，法国和整个欧洲掀起了替卡拉申冤的抗议浪潮。起初，路易十五还故作镇静，百般抵赖；后来，全欧洲的人都一致反对图卢兹地方法院的审判。伏尔泰发表了案件的调查报告，尖锐地指出，法官和天主教是一群恶棍，披着羊皮的狼。真正的凶手是天主教廷，他们双手沾满无辜者的鲜血，自由主义者要团结起来，踩死这些败类，把人民应得的自由归还他们。

在事实面前，路易十五无法再行狡辩，只得撤销了图卢兹地方法院的原判，为卡拉恢复名誉。但是他们更加痛恨伏尔泰，一直不许他返回法国。

直到1778年，路易十五死了，法国宫廷才不得不同意年迈的伏尔泰回国。那一天，巴黎万人空巷，去迎接他们的英雄。在一片"思想之王"的喊声中，一个小孩指着白发苍苍的伏尔泰尖声喊："卡拉的恩人来啦！"

·奇怪的礼拜·

让·梅叶（1664—1729年），法国香槟省偏远小村埃特列平的神甫，空想共产主义思想家，唯物主义哲学家。

埃特列平地处穷乡僻壤，远离省会。这里的农民，比其他教区的人要承受更严酷的压迫剥削，很少有人愿意来当这个教区的神甫。

1689年，埃特列平村又向里姆宗教学校申请，派一名学校毕业生来吧，好填补这里神甫的空缺。学校出于无奈，只得指派马泽尔尼村来的纺织工人的儿子让·梅叶去埃特列平。这个孩子出身贫寒，也许忍受得了那儿的寂寞，况且他生性孤僻，沉默寡言，一定不会拒绝这个职务。于是，梅叶到了埃特列平，还兼管着附近巴列夫村的教徒。

梅叶神甫确实是位称职的神职人员。他仁慈善良，清廉自好。他对穷人乐善好施，每年总把自己的薪俸一部分，施舍给无法度日的教民；别的神甫替人行圣礼，总要收受供奉，而他从不收一个银币。

所以，里姆教区的巡察人员来到埃特列平，人们众口一词，都称赞梅叶神甫，说他是大家见到过的最仁慈的天使。巡察人员回去如实禀报，里姆的红衣主教戴马伊听了，立即通令褒扬，把他称作神职人员的榜样。

但是过了不久，却有人一纸诉状，把梅叶告到了里姆，说他在做礼拜时宣扬异端邪说。告状的是当地颇有名望的封建领主德杜里。德杜里为什会跟别人大唱反调呢？原因是在一次礼拜仪式上，他遭到了尴尬。

那一天，德杜里像往常一样，慢慢吞吞来到了礼拜堂。进门以后，发现礼拜堂里，已经坐满了来听布道的泥腿子农夫。他要找自己的座位，又发现原本专供他们入坐的位置旁，满当当地增添了好多座位。那些本应恭恭敬敬站起来让路的穷鬼们，一个个神情专注，大大咧咧坐定，把自己视为无物。

他跑去找梅叶，梅叶停下布道，画了个十字，淡淡地对他说："在神圣的上帝面前，人人一律平等，我们都是他的子民。德杜里先生，请少安毋躁，您快找自己的座位去吧。"面对梅叶不急不躁的回答，望着满堂教众虔诚的表情，德杜里坐也不是，走也不是，憋足了一肚子的恶气。

梅叶在继续他的布道。德杜里却越听越刺耳。梅叶引经据典，滔滔不绝。《圣经》中说，普天之下，人人平等，彼此都是兄弟姐妹，我们要组成一个大家庭，共同享用上帝的恩赐。封建领主应善待农民，以体现上帝的好生之德，这才能让所有的教民同声赞颂上帝的恩德，等等。

回到家，德杜里越想越气。人人平等？那不是把自己降到那批贱骨头一般的地位？地主跟农民是兄弟姐妹？那不是淆乱了纲常秩序？善待了穷鬼，他们岂不要翻天？他咽不下这口气，终于向红衣主教告发了梅叶。

事情闹到了戴马伊那儿，他不得不出面调处。红衣主教召来梅叶，问他当时怎样布道，事后又怎样处置的。梅叶一五一十，把自己说的重复了一遍。并说此事无须处理，倒是那位德杜里先生每每迟到，又缺乏修养，实在应该忏悔自己的所作所为，做一个好教民。

戴马伊听他言必称《圣经》，找不出一点出格之处。况且那地方少不了梅叶，别人又不愿代替他；自己也不便立即更改刚刚发出的褒扬。他虽然也不喜欢梅叶，认为他太倔强，但权衡之后，只轻轻训斥了他几句，责令他撤了德杜里座位旁的椅子。

梅叶一向寡言少语，没再跟红衣主教争执。他依然回到了埃特列平，当他的神甫，一直坚持到离开人世。

梅叶去世后两年，人们在他的居处发现了一个手抄本，题目叫《遗书》。手抄本里充满着激烈的言词，猛烈批判了广为教会宣扬的种种"奇迹",认为那些宣传不过是谎言。手抄本继而否定了宗教，认为宗教不过是一场骗局。而世界万恶之源，就是私有制度。只有消灭了万恶的根源，人们才会在公有制的大家庭中，过上自由幸福的生活。

《遗书》的作者，正是当了一辈子神甫的让·梅叶。他生前没有公开自己的哲学和思想，却把自己的思考留给了身后的人。

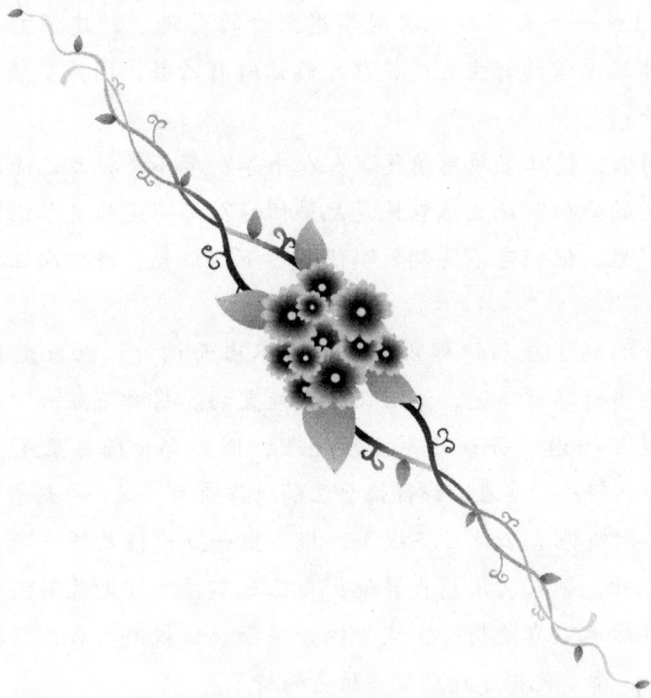

·百折不挠狄德罗·

狄德罗（1713—1784年），法国启蒙运动伟大的思想家，法国《百科全书》的主编。

从1746年开始，狄德罗就进入了出版业，他利用出版反宗教、反封建的著作的机会，广泛展开启蒙运动的宣传。他这么做，当然引起了法国专政当局的密切注意，种种迫害接踵而至。他被列为最危险的人物，甚至多次被捕入狱。

这样一来，狄德罗门庭冷落，好多人都远离他，只怕招惹麻烦。可是，有一天，狄德罗家忽然来了位书商，建议他组织人力，把英国人钱纳斯编写的《大英百科全书》翻译成法文出版。这既可以宣传先进的哲学和科学思想，又可以避开当局的迫害。

是个好主意。"不过，"狄德罗说，"为什么只去翻译别人的东西？难道法国人就不能编出自己的《百科全书》？"看到狄德罗有这样的气魄，那书商欣然同意，于是，一个浩大的出版工程计划就这样决定下来。

法国的民主派人士听到这个消息，纷纷应狄德罗之约，前来参加《百科全书》的编辑工作。其中有"思想之王"伏尔泰，前任总税官爱尔维修，启蒙运动的新秀卢梭，还有一批知名的科学家。大科学家达兰贝尔自告奋勇，担任了狄德罗的主要助手。一个"百科全书派"阵营开始初见雏形。

有这么多人相助，《百科全书》的编辑工作进展得十分顺利。不久，《百科全书》的第一卷便编辑完成。书商们见有利可图，立即热情地向全国推销。订单纷纷飞来，大家都热切地盼望第二卷、第三卷问世。

等到1757年，《百科全书》的第七卷出版了，法国专制当局开始省悟，感觉到事情的严重，开始设法扼杀《百科全书》的出版计划。

书商们开始打起了退堂鼓。在赚钱和掉脑袋之间，他们宁愿选择不掉脑袋。于是，排版被推迟，纸张开始匮乏，外地选购者迟迟收不到预订的成品，有的人索性想退出。《百科全书》的出版遇到了麻烦。

接着，达兰贝尔在编辑条目上，屡屡跟狄德罗产生了分歧，分歧渐渐变成摩擦，双方都不肯退让。终于，达兰贝尔宣布退出《百科全书》编辑委员会，另一些人也跟着激流勇退。狄德罗几乎成了孤家寡人。

法国专制当局得意扬扬，看到时机已经成熟，便在1759年正式宣布禁止《百科全书》，一度把狄德罗抓进狱中。在他们眼中，这一次当局是打了一个漂亮的胜仗，《百科全书》看来非寿终正寝不可了。

从监狱里出来，狄德罗感到前所未有的困难。但是，他是个从不退缩的斗士，他决定把《百科全书》编辑下去。不能公开发行，就秘密坚持；巴黎呆不下去，他就转到外省；别人不干，他一个人承担下来。

《百科全书》还有好多分册没编成，其中最困难的要数有关生产条目的部分。狄德罗亲自下手工作坊，请教工人，有时还亲自动手操作，了解生产过程。就这样写出了有关的几百个条目。

为了节省每一枚银币，狄德罗自己校对版本，以至于损伤了视力。他为了筹集资金，变得一贫如洗，甚至无法置备女儿的嫁妆，不得不出卖自己的藏书。最苦恼的是，狄德罗还要时时刻刻提防专制当局警察的搜捕和袭击，注意无孔不入的教会密探的行踪。

就这样，狄德罗用了30年时间，百折不挠地编写《百科全书》，到1772年编出了全部35卷法国自己的《百科全书》，为法国大革命提供了理论准备。

·卢梭应征写论文·

卢梭（1712—1778年），法国大革命时期杰出的启蒙思想家，革命派的思想领袖和导师。

卢梭本来并不出名，到37岁的时候，还不过是个小作家。他发明了日后与五线谱并存的简谱，还写过一两部歌剧。法国《百科全书》的总编狄德罗因为卢梭是个坚定的民主派，又有专业才能，才把他收入麾下，让他负责百科全书音乐部分的编纂工作。卢梭就成为"百科全书派"中重要的一员，开始步入他政治生涯的一个重要阶段。

可是好景不长，法国专政当局开始迫害狄德罗。《百科全书》被禁，狄德罗被控宣传无神论"邪说"被捕入狱。正当"百科全书派"的编辑们纷纷作鸟兽散的时候，卢梭却挺身而出，公开替狄德罗辩护，上书当局要求释放狄德罗。他公开宣布，自己愿意跟狄德罗同甘共苦，一起去蹲大狱。

他的声明并没有引起多大的注意。好多人认为，这只不过是位青年学者激愤的言词，目的是更多地引起社会对他的关注。有人甚至嘲笑他在说疯话。

卢梭气愤不过，便常常到狱中探望狄德罗。有一次，他从关押狄德罗的范赛纳监狱出来，路过第戎学院，看到学校大门口张贴着一份征文广告，征文的题目是《科学和艺术是否有益于敦风化俗》。

应该说，第戎学院的学术风气，在法国还算是开明自由的。但题目不偏不斜，不敢肯定科学艺术的重大作用，观点不够鲜明，让卢梭心底极不舒服。他略作思索，决定去应征。回家写了篇《论科学与艺术》，送给了第戎大学，也算出一口心中的恶气。

在文章中，卢梭用揶揄的笔法完全否定了封建时代的科学文艺，认为科学文艺的进步，根本不能给人带来丝毫幸福，只会替虚伪的贵族们涂脂抹粉，掩饰他们伤风败俗的行径。人们应该以美好的自然为师，享受生来便应有的自由平等。

卢梭的文章观点是鲜明的，篇幅又不长，本不该入第戎学院大师们的法眼。但是，人们早对虚伪的旧文化心生厌恶，深恶痛绝那些轻佻的贵族文明，卢梭的尖锐文风反而让大家耳目一新。经过激烈的争论，卢梭的征文拔得头筹，被选中为这次征文的最佳奖。卢梭也因为勇敢的战斗精神、离经叛道的态度而声名大震。全国立即记住了这位勇敢的思想家的名字，卢梭也更加积极地参加了法国民主派的斗争。

几年后，第戎学院又搞了一次征文活动，这一次的题目倒是更加大胆，叫做"人类不平等的起源"。卢梭有了上一次的收获，看到这个题目更合自己的胃口，就认认真真写了一篇寄了去。他的观点，概括起来就是：私有制是不平等的根源，专制政权是不平等的顶峰，人民有权为了平等推翻暴君。

卢梭的观点是那么尖锐，那么惊世骇俗。这一次就连一向大胆的第戎学院，也不敢再给他任何奖项了。卢梭的文章虽然无法给国内的人知晓，却传出了法国，传遍了欧洲。

从此以后，卢梭一发不可收拾。他在两次征文的基础上，拓展思维，构思出一篇名垂千古的《社会契约论》，大声疾呼"天赋人权"，要求"自由平等"，宣传"主权在民"。

卢梭的激进观点立即遭到法国当局禁止，他只得离开巴黎。在国外，其他统治者也纷纷效法法国当局的做法。日内瓦的议会视《社会契约论》如洪水猛兽，不但当众烧毁了它，还宣布如果卢梭出现在日内瓦，政府将立即予以逮捕。

革命者却欢欣鼓舞，把它作为革命的指南、斗争的思想基础。

·携手的巨人·

亚当·斯密（1723—1790年），英国古典政治经济学家，经济学界的思想巨人。

大卫·休谟（1711—1776年），英国著名的哲学家，历史学家。

1767年，有人告诉当时英国哲学家协会的秘书，哲学家大卫·休谟，据说他的好朋友，著名的《道德情操论》的作者亚当·斯密已经回到英国，但是始终不见他露面。外界已经在议论纷纷，怕他出了什么麻烦。

"不会吧。"休谟拿出收到的亚当·斯密最后一封来信，"他正跟斯科特公爵在欧洲做考察旅行，信中说此行收获颇丰，他还打算对欧洲经济发展作进一步的研究呢。"

来人问休谟，最后一次是在哪里见到亚当·斯密的，休谟说是在巴黎。他清清楚楚记得，那一次两人见了面，十分高兴。休谟跟法国学者很熟，还特意约了几位著名的启蒙主义思想家跟亚当·斯密见面，他们热烈讨论了许多经济学方面的问题。事后，亚当·斯密告诉休谟他有关政治经济学的观点，变得比较清晰了，以后一定写一本完整的专著出来。无论是身体，还是精神，亚当·斯密一直非常好，怎么会有什么问题呢？

越是怕出现的问题，就越是揪心。过了几天，休谟实在放心不下，便写了封信投石问路。信是寄到亚当·斯密的家乡科尔卡狄去的，可是，过了好久，既不见退信，也没有亚当·斯密的回信。休谟心头开始沉重起来，开始多方打听自己这位好友的下落。

不久，有人传言，亚当·斯密应东印度公司之聘，到设在盂买的总公司当经济顾问去了。难怪这么长时间踪影全无，那个地方实在太遥远。

于是，大卫·休谟写信到东印度公司在英国的办事单位询问，他们的答复却更让休谟心事重重。回信说："是的，确实有人推荐亚当·斯密来本公司，公司也十分高兴亚当·斯密先生加盟，认为凭他的学识才干，一定能替公司增添光彩。但是，亚当·斯密先生却没有应约赴任，公司并不知道他目前的下落。"

糟糕，休谟开始真的为亚当·斯密担心起来。他想起了跟亚当·斯密第一次见面的情况，那时候亚当·斯密还在格拉斯哥大学当教授，教的是道德哲学，把自己的著作带到休谟在爱丁堡的家里。两人一见如故，谈得十分和洽。还是休谟把亚当·斯密介绍进哲学家协会的呢。想到这些，休谟心急如焚，立即写了第二封信到科尔卡狄，抱怨亚当·斯密六年来好像消失在空气之中。接着，休谟便一天接一天，盼着亚当·斯密的回信。

回信没有到，伦敦却传来亚当·斯密露面的消息。说他六年前回到英国，便一头扎进书斋，什么人都没见，什么信都不回，一心构写他的经济学新作《国富论》，现在已经完稿，打算到各地去拜访同行，征求意见，表达歉意。他提到的第一个想见的人，就是大卫·休谟。

休谟已经等不及亚当·斯密的来访，他拖着病体，来到了亚当·斯密的住所。老友相会，禁不住一阵唏嘘，一阵感叹之后，亚当·斯密立即取出《国富论》，两人边读边谈，休谟当场提出了自己许多见解。

休谟赞赏亚当·斯密自由竞争的观点，同意亚当的看法，也认为只有自由竞争，才能调节市场，生产出最好的产品。他指着《国富论》中商品价格一节，特别赞赏其中的表述：价格应该由投入的劳动量来决定，而当今社会，工厂主和地主，却剥夺了工人农民应得的一部分，因为劳动主要是他们付出的。休谟认为，这是亚当创造性的发现。

　　看完《国富论》，就轮到休谟了。休谟取出一份文件说："我年纪大了，应该想到后事。这是我著作的校正和出版委托书，我全权委托你今后替我办理。"亚当·斯密含泪握住休谟的手，两位巨人的手紧紧握在了一起。

·"我没有罪"·

康德（1724—1804年），德国古典哲学的奠基人，哲学革命的先驱者。

伊曼努尔·康德是东普鲁士哥尼斯堡一个鞋匠的儿子，要从地位卑微、家境贫寒中挣扎出来，成为伟人，确实不容易。他求学时努力学习，成绩优异；毕业后一边当教师，一边钻研哲学，一步一个脚印，才取得后来的成就。他的成长道路充满着艰难和曲折，也充满着自信和坚强。

在康德那个时代，哲学和科学还没有彻底分开，好多哲学家是从研究自然科学入手的，康德也就在研究自然科学中首次成名。

他的第一篇论文就是《论火》。他指出，地球内部蕴藏着火，包含着无限可怕的危机，总有一天，地火会喷发出来，给人类带来灾害。起初，他的观点被好多人讥为杞人忧天。真巧，只隔了一年，西班牙就发生了强烈的地震，灾难使大家相信了康德的观点，默默无闻的康德开始让人们刮目相看。国家也批准了他的申请，他成为哲学教授。

研究了地下，康德转而研究苍穹。不久，他就发表了"星云说"。他说，天体都是从旋转的星云中产生的，无论是太阳、星星、地球，都在一块块星云中诞生、发展，然后走向自身的毁灭。这种学说虽然近乎无神论，但它只谈天空，倒也能解决从哥白尼以来无人能解答的问题。因此康德的名声越来越大，他也步步高升，从土象图书馆副馆长升到哲学院长，最后成为哥尼斯堡大学的校长。

康德的哲学观测终于回到了地面。他同情法国革命，提倡自由。

看到普鲁士国王的所作所为，他心中十分不满。1794年，他撰写了一篇题目叫《一切事物之终了》的文章，发表在《柏林月刊》上，这篇文章激怒了普鲁士政府。

贵族王公、僧侣们本来就对康德的地火和星云说不满。他们认为冥冥之中应该由上帝决定一切，太阳月亮是上帝创造的，灾难也应该是上帝对世人的警戒，怎么会是什么地火和星云决定了一切呢？现在他又来奢谈人间，影射普鲁士政府限制了人间的自由，不给他一点警告，是不行的了。

于是，庄严的哥尼斯堡大学里，一天来了地方政府的官员。他一脸的严肃，像戴着个面具般死板，完全没有了平日到大学时那种甜腻腻的笑容，把所有的人都吓了一大跳，不知道发生了什么惊天动地的大事。

官员冲进校长的办公室，大声干咳了一下，扯起尖细的嗓音宣布："皇帝陛下特别命令到！伊曼努尔·康德听宣。"康德只能莫名其妙地站立起来。

地方官员见康德一脸的迷惘，顿时露出一丝得意的神色。他大声宣读了那份特别命令，教训康德要"安守本务，为我祖国争无上之光荣"。读完这段，他又提高了嗓门，发出威胁："否则，若故意抗命，视法令如无文，我们惟有执法以随其后了。"

读完命令，他瞪圆双眼，盯着依旧不知所指的康德要听他表态。康德伸手接过他手中的命令，瞧了一遍，这才明白了命令的意思，他脸上露出坚毅的神色，只说了一句话："我并没有触犯法律，我没有罪！"

普鲁士国王的迫害，实在无足畏惧。康德依靠的是科学事实、哲学真理，他根本不去理睬那份"特别命令"，依旧从事他的教学和研究。普鲁士皇室对康德这样一位有崇高威望的哲学巨人，实在也没有多少对付的办法。一场闹剧过后，这事也就不了了之。

·书·

霍尔巴赫（1723—1789年），法国启蒙主义运动中的唯物主义哲学家，"百科全书派"的主要支柱。

霍尔巴赫出生在德国，12岁移居巴黎。他有贵族的头衔、丰厚的家产，却没有成为香舍里榭大街的纨绔子弟，这是因为他一生与书为伴，跟书结下了不解之缘。

在狄德罗编纂《百科全书》大纲的时候，就认识了霍尔巴赫。狄德罗对比自己小10岁的霍尔马赫十分欣赏，很快，两个人成了莫逆之交，"百科全书派"于是有了一个安全的活动中心。参加编写的人常常来到霍尔巴赫家，讨论自己编写的条目，把完成的稿子交给经常在那里的狄德罗或者达兰贝尔。

从1739年开始，法国的专制当局开始禁止《百科全书》。许多原来参加编写的人，在高压之下纷纷离去，惟一跟狄德罗坚持到底的，只有霍尔巴赫。他们亲自编写条目，组织印刷，参与发行，一直到1772年，才出全了全部《百科全书》35卷，完成了法国革命史上工程浩大的巨著。霍尔巴赫是最爱《百科全书》的人。

除了《百科全书》，霍尔巴赫还写了许多揭露天主教黑幕的著作，1761年到1767年间，他先后发表了一系列反宗教的著作。其中《被揭穿了的基督教》一书最出名。贵族政府和教会一直想抓到这本书的作者，因为霍尔巴赫用的是化名，他们都没成功。到1770年，巴黎法院抓不到人，只能拿书来出气。

巴黎法院进行了一次奇怪的审判，判决《被揭穿了的基督教》为禁书，并把他们所有能收缴到的《被揭穿了的基督教》堆放在法院门前，放了一把火统统烧毁。

法官们认为这样做就能把霍尔巴赫的书禁绝了。不料几天之后，警察就在一名法国青年的身上搜出了一本《被揭穿了的基督教》。巴黎法院的法官们大发雷霆，把那名青年架到法院前的广场上，公开鞭打他，还判决充军九年。

霍尔巴赫写的书深入人心，烧也烧不完，禁也禁不了。

这件事发生过后，霍尔巴赫没有被吓倒，他又写了一本《自然体系》，继续他的斗争。这本书法国已经无法出版了，他就把书稿送到荷兰，在阿姆斯特丹偷偷印刷，然后通过各种渠道运回法国。

法国统治者很快就发现了《自然体系》，看到它依旧跟《被揭穿了的基督教》一样，作者用的是化名，就不再打算去寻找作者，立即下令，烧！烧！全部销毁《自然体系》。他们可以烧掉运进法国的书，但是无法销毁在国外流传的《自然体系》。

只过了三个月，罗马的教廷也开始了焚书。他们宣布《自然体系》是禁书，指令各地的教会立即查禁，并把查抄到的书原地烧毁。所有的统治者这一次烧红了眼，但是，霍尔巴赫的《自然体系》已经像火种，点燃了欧洲各国民主战士的心，岂是焚书狂们能烧得尽的？

霍尔巴赫一生与书为伴，他爱书写书，把自己的书当做武器，提供给法国和欧洲各国的革命者。他的书被禁被烧，却始终不能烧尽禁绝，因为那是真理，真理是无法被烧尽禁绝的。

霍尔巴赫为书斗争了一辈子。可惜在1789年1月，他黯然地离开了人世。这时候，离伟大的法国大革命爆发还不到半年。

伟人没有能看到他为之奋斗了一生的事业的成功。但是他生前用书、用他的思想指导了革命事业的进程。死后，他的伟大的著作被尊为"十八世纪唯物主义的《圣经》"，永远载入欧洲的哲学史册。

·巴贝夫宁死不屈·

巴贝夫（1760—1797年），18世纪法国杰出的空想共产主义思想家，当时平等派运动的领袖。

1797年，在巴黎郊外一间破旧的屋子里，一盏昏暗的灯在屋子中间随风摇曳。这里就是"先贤祠俱乐部"秘密集会的地点，一年以前，俱乐部被政府取缔，他们只得转入地下，但从未间断自己的活动。

一位37岁的青年人，正在对屋子里围坐的人发表演说。他就是平等派运动的领袖巴贝夫，一位圣康坦城贫苦家庭里走出来的孩子，法国大革命运动中一颗闪烁的明星，当今政府通缉的对象。

"我们的目标是建立一个完全平等的社会。"巴贝夫压低嗓门说，"那个社会中，生产者把自己的产品交付给分配机构，由分配机构公平地分配给每一个公民。"

"怎样才能建立那样的社会呢？"有人提出了问题。"这就是我今天要给你们讲的问题。"巴贝夫接着讲下去，"这些年来，被捕、被迫害已经成了我们平等派的家常便饭。为什么我们总是被人追杀？就是我们没有自己的革命政权，而平等派的敌人可以随时随地动用他们的警察和军队来镇压我们。"

"因此，劳动者必须建立革命的专政，用革命的专政保护自己，打击敌人。"说着，巴贝夫举起右手，向下猛劈，"革命的专政万岁！"他的话，激荡着屋子里所有人的心，让大家看到了希望。

巴贝夫已经计划了一次武装起义，他们要逮捕政府官员，没收敌人的财产。今天是一次动员，明天将把起义的信息传达到每一位平等派战士，后天就会取得胜利。想到胜利的日子就在眼前，满屋子的人，群情激奋。

可是，由于一个叫格里泽尔的上尉军官混进了平等派队伍，巴贝夫他们没有及时发现，整个起义遭到失败。第二天，巴贝夫在另一次秘密会议上被捕，他们将面临又一次审判。

这将是一次最后的审判。热月党人不敢在巴黎公开审判，把巴贝夫他们押到外省城市凡多姆，秘密地设立了一个法庭。

审判也是一场斗争。巴贝夫他们大义凛然，慷慨激昂，公开宣传了平等派的主张。他们宁死不屈，战斗到最后一刻。

法官问巴贝夫："你是在什么时候萌生叛逆思想的？"巴贝夫回答："在我当土地丈量员的时候。我在档案中发现了地主霸占农民土地的丑恶行径，那时我就决心粉碎这种不平等的制度，还给劳动者生活的自由。"

"那么，你在这以后又干了哪些犯罪的举动？"法官继续审问。巴贝夫接着回答："我们反对过消费税、盐税和酒税，不过那是不平等制度的体现。马拉和《人民之友》替我们伸张了正义，我不认为那是一种罪行。"

"你究竟想干些什么？"法官显然失去了耐心。被告席上，巴贝夫和他的战友纷纷高呼口号："废除私有制度！""建立革命专政！""大国民公社万岁！"一阵口号过后，他们齐声唱起了《马赛曲》，响亮的歌声淹没了法官声嘶力竭的吼叫和他拼命击打的木槌声。

就在这混乱不堪的时候，巴贝夫突然从靴子里抽出了一把短刀，猛地朝自己前胸刺去。他要用自杀的行动，表达自己宁死不屈的决心，以及对法庭的抗议。可惜他的刀太短，又不够锋利，只伤及皮肉，没有刺中要害。

七手八脚一阵忙乱之后，法庭宣读了判决。巴贝夫等平等派的核心骨干，无一例外被判处死刑。这种判决早在意料之中，巴贝夫他们面不改色，被押回牢房。

第二天巴贝夫就被押上刑场，他在夜晚写的绝命书中，有这么一句话："我怀着如此纯洁的心灵从容就义，心头十分愉快。"

·伤心的回归·

托马斯·潘恩（1737—1809年），英国诺福克郡一个裁缝家庭的儿子，美国独立战争时期资产阶级启蒙主义思想家。

1775年，列克星敦响起了反殖民主义的枪声。这枪声预示着，独立战争的烈火将燃遍新大陆，一个崭新的国家将诞生。虽然独立运动已经进入了新阶段，但是，在大陆会议上，许多代表还跟不上形势的发展。他们还只认为，武装斗争是需要的，那不过是为了捍卫北美的英王臣民的自由权利。模糊的立场、举棋不定的犹豫，严重阻碍着独立运动的进程。

有识之士心如火焚，他们急于找到武装人们思想的武器，让迷惘的大脑迅速警醒。如果在这样的情况下丧失了最佳的机遇，历史将把整整一代人钉上耻辱柱。

就在这种危难时刻，富兰克林接到了一个邮包。邮包是他的英国朋友托马斯·潘恩寄来的，一年前，富兰克林介绍潘恩来到美国，潘恩成为一名独立运动的斗士。

打开包裹，一本散发着油墨香的新书出现在眼前，书的名字叫《常识》。富兰克林打开书本，迅速翻阅起来。他越看越兴奋，《常识》抨击了君主政体，有理有据地阐述了北美独立的正义性，澄清了许多糊涂观念，指出一切论战都已毫无意义，"既然英王已经诉诸武力，我们只能接受挑战，用起义建立起一个没有君主的新国家"。

富兰克林大喜，立即让人去买了100本《常识》，分头送给亲友，好让大家明白过来，用潘恩阐述的思想武装头脑，积极投身到独立战争的洪流中去。

就在同时，与殖民军对峙的前线，指挥战斗的总司令华盛顿，也接到了杰弗逊紧急送来的《常识》一书。华盛顿这几日无心交战，正彷徨在保守和革命之间，读了潘恩的书，立即作出了决断。他对部下说："自由的精神在我们心头沸腾，我们决心和一个不公平和不人道的君主国家断绝一切关系，做一个自由的人。"

一本书，一种思想就这样推动了历史的发展，改变了北美大陆的面貌。当美利坚合众国光荣诞生之时，好多升任要职的独立派人士异口同声地称崇潘恩的功绩，一遍又一遍地作下保证："我们不会忘记你的价值。"

潘恩不肯把自己的活动限止在美洲。他说："世界就是我的祖国，给我七年时间，我就会为欧洲每一个国家写一部《常识》。"美国独立战争刚取得胜利，他行色匆匆，立即回到了欧洲，在法国和英国之间穿梭活动。他要用自己的另一本《常识》，点燃法国革命之火。

1789年，法国革命终于爆发。潘恩欢呼雀跃，讴歌攻打巴士底狱的英雄主义精神。但是，英国政府发现了他参加工人革命斗争的事实，新仇旧恨，让英国政府下定了决心，逮捕潘恩。潘恩不得不再一次出国，来到了巴黎。

潘恩在法国受到隆重热烈的欢迎。他立即被选为加莱城的代表，参加国民会议以后，又选为制宪委员会九位委员之一。可是，当潘恩卷入国民会议党派之争，跟执政的雅各宾党发生争执后，他立即被公安委员会逮捕，在卢森堡宫囚禁了整整一年。

这一年，他一边写着另一本著作《理性时代》，一边盼望着早日出狱。但是，美国政府却保持沉默，他们不愿跟欧洲的盟友法国伤了和气，宁愿保持中立，牺牲"不会忘记"的潘恩。

潘恩出狱后，出版了自己的新作。他把宗教跟科学对立，指责宗教的虚伪；他谴责大资产阶级贪婪成性，要他们与小生产者和劳动者分离财产。他的这些观点，已经不受"革命成功"的资产阶级欢迎。所以当拿破仑发动雾月政变，要潘恩跟他合作的时候，他断然拒绝了拿破仑的邀请，回到了阔别15年的美国。

　　但是，美国已经不是昔日的美国，潘恩也不再是昔日一呼百应的英雄。功利观点极强的美国政客，早忘记了自己的信誓旦旦，潘恩激进的反宗教反大资产阶级立场更不受欢迎。他在冷遇和贫病交迫中，无限凄苦地死去。临死前，叫人在自己的墓碑上只留下一行字——"《常识》作者托马斯·潘恩之墓"。

·不熄的明灯·

亚历山大·拉吉舍夫（1749—1802年），俄国民主革命早期的思想家，十二月党人和民主革命派的思想先驱。

普加乔夫领导的农民起义终于被镇压下去了，叶卡特林娜女皇终于松了一口气。从1773年开始，缠绕在贵族统治者心头的病痛得以解除，一切都恢复到多年以前的模样了。

有一天，宪兵头目急匆匆来到冬宫，朝觐女王陛下，向她递呈一件紧急情报。宪兵头目报告说，最近彼得堡出现了一本大逆不道的著作，书中给普加乔夫大唱赞歌，对贵族和地主大肆谩骂，影响极坏。

幸好，这本名叫《从彼得堡到莫斯科旅行记》的书，一共只卖出了25本，第一本就落在了宪兵头目手中。现在他来呈请女王陛下圣断，并决定处置办法。叶卡特林娜见他不敢专断，知道他有难处，便问及作者是谁。宪兵头目报告，此人叫拉吉舍夫，贵族地主家的子弟，到过莱比锡大学学法律，现在担任着九等文官，是参政院的纪录员。

听说是自己的官员，叶卡特林娜就让宪兵头目把书留下，到第二天再来取回。可是，当宪兵头目重新接过那本书的时候，却发现女王陛下在书上写了许多批语，满纸都是"大逆不道"、"纯是那些把法国弄得天翻地覆的思想"、"比普加乔夫更坏的暴徒"，等等。宪兵头目心领神会，立即逮捕了拉吉舍夫，并下令查禁《从彼得堡到莫斯科旅行记》。

沙皇陛下在冬宫打个喷嚏，彼得堡便会响起雷声。现在御旨已下，审判拉吉舍夫的法庭便组织起来，一场讨伐叛逆的审讯开始了。

在法庭上，法官们指着女王的批语，说拉吉舍夫编造谎言，恶意攻击。拉吉舍夫却不承认。他写的都是事实，有的是亲眼目睹，有的是他在第九芬兰师当检察官时，从文件上抄下来的。外省的那些地主，确实是"贪婪的畜牲"、"不知足的吸血虫"。农民们捧着盐和面包欢迎普加乔夫也是事实。至于"天赋人权"、"耕者有其田"等说法，全欧洲都传遍了，在有些国家已变成现实，为什么不能在俄国实行呢？

法官们辩不过拉吉舍夫，匆匆宣读判决，把他流放到西伯利亚一个叫伊里姆斯克的小城服劳役10年。在那个严寒偏僻的小城，拉吉舍夫没有闲着，他继续着自己的写作，等待回到家乡发表。

1796年，叶卡特林娜女皇去世，继任的亚历山大一世才把拉吉舍夫放回莫斯科家中，不久又让他担任法制委员会的委员。得到自由的拉吉舍夫写得更加勤奋，他的作品一篇篇发表，其中有《从彼得堡到莫斯科旅行记》的姐妹篇《我那地方的记述》，有反对宗教的哲学著作《论人、人的死和不死》，还有宣传民主思想的《论法制》。

拉吉舍夫让沙皇政府的官员们十分头疼。宪兵头目把他找去，警告他："你还在高谈阔论！难道西伯利亚住得还不够？""不要把陛下对你的宽大当做资本，皇帝陛下能够饶恕你的过去，也能决定你的未来！"

不断的训斥，秘密的监视，像一张网向拉吉舍夫罩来，越收越紧，迫害即将来临。

面对新的迫害，拉吉舍夫选择了最后的斗争方式。不自由，毋宁死！他用自杀的方式表达了对黑暗统治的谴责和最后的抗议。他在临终之前说："后代将为我复仇！"

拉吉舍夫用自己的思想，点燃了照亮民主革命战士们前进道路的明灯。

·无休止的放逐·

威廉·魏特林（1808—1871年），出生在马格德堡工人家庭的哲学家，德国工人运动早期的思想家。

1842年，魏特林在瑞士威维主办月刊。这一年，他出版了《和谐与自由的保证》一书。他知道，所有的统治者都不会喜欢，因为他主张废除私有制，还呼吁革命。但他还是不曾想到，自己的著作会引起如此的轰动和招来那么大的麻烦。

"轰动"的当然是哲学界，而"麻烦"一定来自当局。《和谐与自由的保证》问世才半个月，威维政府立即发函照知魏特林，鉴于魏特林发表了极不恰当的言论，威维政府决定撤销他的月刊注册，说白了就是要驱逐魏特林以及他的月刊编辑部。

魏特林在威维站不住脚，只得把编辑部移到洛桑。他在洛桑立足未稳，洛桑的市政府不肯招惹麻烦，就是不给他们注册发行的执照。魏特林留下无趣，只得再一次搬迁，把编辑部迁到了苏黎世。

魏特林本以为，苏黎世是瑞士的政治文化中心，有许多进步人士，到那里有话可以说，有人听，瑞士当局总不会像那两个小地方一样，平白无故把人扫地出门。

他没有料到，苏黎世还有瑞士天主教会的主教会议。这些僧侣头儿们心比别人更毒，手段比别人更辣。魏特林刚到，他们就一纸诉状，把他告上了法庭。法庭二话不说，立即下令禁止了《和谐与自由的保证》，判了魏特林六个月的监禁。

魏特林怎肯这般听人宰割？他上诉到瑞士的最高法院。这一来，却捅了更大的马蜂窝。最高法院不但维持原判，还另加上四个月刑期，下令驱逐他出境。只要跟德国当局联系好了，就把魏特林移交给德国。

那是1844年一个夜晚，瑞士当局果然把魏特林五花大绑，押到了瑞士和德国的边界上，把他交给了德国当局。德国当局像捡了个金元宝，大吹大擂了一通，再把魏特林押回家乡马格德堡关押起来。

一连六个月，魏特林在普鲁士黑狱里受尽折磨。不断的羞辱、隔三差五的鞭打，都不能让魏特林屈服。魏特林表示，只要放他出狱，他还是要写书，宣传消灭私有制，打倒黑暗的专制统治。

眼看瑞士法庭判决的刑期将满，德国又没理由再审判魏特林。到这时，普鲁士当局才明白，自己从瑞士接到的，绝对不是胜利的果实，而是一只烫手的山芋。

普鲁士当局绞尽脑汁，终于想出一个扔山芋的"妙法"，在刑期未到的时候，再把魏特林驱逐出去。他们选中的地方是美洲，那儿远隔重洋，魏特林无法马上回欧洲，普鲁士政府就能永绝后患了。

警方用最神速的手段，替魏特林办好出国的护照，买好船票，匆匆把他交给汉堡的领事。在上船之前，领事才把此事宣布给魏特林听，要他立即登上港口待航的海轮。

魏特林立即提出了最强烈的抗议。他说，这种行径是绑架，他既没有申请出国，法院又没有公开审判，不能把他驱逐出德国。

眼见大西洋航班就要起锚，汉堡的领事急得满头大汗，在码头上团团转了一遍。这时候，只要能"推死人过界"，什么威严、什么脸面他都顾不上了。他恳求魏特林，只要登上海轮，驶出汉堡，其余的事他一概不过问。至于是按船票到美洲，还是中途登岸，普鲁士政府悉听魏特林尊便，今后也绝不追查。

魏特林轻蔑地一笑，接过船票和护照。海轮离开码头，驶出波罗的海不久，他就在伦敦上了岸。

·这里升起真理的太阳·

卡尔·马克思（1818—1883年），辩证唯物主义哲学家，全世界无产阶级的导师和领袖，马克思主义学说的创始人。

1849年，《共产党宣言》发表后的第二年，马克思遭受了种种迫害。他已经被普鲁士当局逐出德国，为此他愤然宣布放弃普鲁士国籍，当一名"世界公民"。可是，迫害又接踵而来，这一次出面的是法国政府。

那一年夏末，几个全副武装的法国警察闯进巴黎百合花大街45号，为首的一位整了整头上的圆桶平顶的帽子，咳嗽一声，宣读了政府把马克思全家"驱逐出境"的命令，立刻逼着马克思整顿行装。

马克思一家到巴黎没多久，根本没有再搬迁的准备。他们的最后一笔钱都花光了，妻子燕妮即将分娩，可是警察们一点不肯变通。马克思只能卖掉一些生活用品，凑齐了钱买上船票，横渡英吉利海峡，来到终日浓雾弥漫的伦敦。

伦敦的警察倒没有再来宣读驱逐令，只是帮着房主把马克思一家扫地出门。马克思付不起房租，警察就帮房主人抢东西、摇篮、孩子的玩具，他们什么都要，拿去抵债。马克思一家连着搬了几次家，才在迪安大街28号顶楼两间小屋里安顿下来。

生活困难，并没有影响马克思研究哲学问题。他领到了一张英国博物馆的阅览证，找了个靠窗的7号座位坐下，看书，记读书笔记，这一坐，就是十几个年头。

每天九点钟，阅览室刚开门，马克思就借来许多书，一直看到下午，阅览室关门才离开。冬天，到三点多钟天就黑了，即使在窗子边上，也无法看清楚，马克思点上灯，或者点上蜡烛在昏暗的光线照耀下继续读和写。

晚上，回到家，马克思要等到孩子们都睡下，才能继续工作，他整理读书笔记，进行写作，一直坚持到第二天的两三点。马克思毕生都在为工人阶级争取八小时工作制，可他自己，每天的工作时间又何止八小时。

为了丰富自己的著作，马克思研究过各种各样的学问，他读过的书有1500余种，他在100多个笔记本上，密密麻麻记下了各种摘录和提纲。

马克思为了掌握英国经济状况，读过英国政府每本蓝皮书。那是英国议会发给议员们的资料，又厚又重，枯燥乏味，哪一位议员都不会去读，很快便当废纸卖掉。有的议员甚至把它当枪靶，看谁的枪击发力强，能多打穿几层纸。但是，马克思却把那些书当做研究对象，每一本从第一页看到最后一页。

到1867年，马克思终于经过艰苦的劳动，写出了一生最重要的著作《资本论》第一卷。他在纷繁复杂的资料中，找出了资本家剥削工人的秘密，工人们在劳动时创造的价值大大超过商品的价值，那些剩余的价值全都落入了资本家的腰包。

十几年来，马克思总是坐在7号座位上，在那个马克思专座下的地板上，由于马克思长期的踩踏和摩擦，地板上渐渐地出现了一双鞋的印痕，这双脚印证实了马克思的艰辛劳动，也见证了马克思主义哲学的诞生。

真理的太阳就从这里升起。

·最伟大的友谊·

恩格斯（1820—1895年），德国伟大的哲学家，马克思主义的创始人之一，无产阶级的革命导师。

1842年9月的一天，德国科隆《莱茵报》编辑部的门口，来了一位年轻人，他就是恩格斯。这一年他刚服满兵役，正打算回到巴门的家中去，他特意绕到科隆来，是想拜访《莱茵报》的主编马克思。

恩格斯对这位只比自己大上两岁的哲学家心仪已久。恩格斯是一位工厂主的儿子，18岁就被父亲派到不来梅的大公司里任职，目睹了工人阶级的苦难和资本家的诡诈，很想改变社会种种不平等现象。

何况，服役期间，恩格斯到柏林大学旁听哲学课，不满意哲学家教授谢林讲的内容，还写了一篇文章批判谢林的观点，题目叫做《谢林——基督教的哲学家》。恩格斯很想听听《莱茵报》这位兄长对自己文章的看法，并向他讨教如何走人生道路的问题。

一会儿，马克思出来会见他了。恩格斯作了自我介绍。马克思听说恩格斯是工厂主的独生子，刚从柏林的炮兵部队服役归来，便对他的著作没有多大兴趣，三言两语之后，就客客气气把恩格斯送出了大门。这弄得恩格斯一头的雾水，尴尬极了。

为什么马克思和恩格斯这一次见面，没有马上建立起深厚的友谊呢？原来，当时柏林出现了一个属于青年黑格尔派的，叫做"自由人"的小团体，那些人只会吹嘘自己，从不干实际工作。马克思对他们十分反感，认为恩格斯也是个"自由人"，不想跟他多说一句，以免话不投机。

看来，真正的友谊需要相互了解。误会会让友谊丧失，弄得两位本应成为朋友的人擦肩而过。

恩格斯跟马克思在科隆一别两年。这期间，恩格斯被父亲派到英国的曼彻斯特，主持在那里的一家工厂；而马克思受普鲁士政府的迫害，被迫停止了《莱茵报》的编辑工作，流亡到了法国巴黎，主办《德法年鉴》。两个人看来从此分道扬镳，再也没有会面的机会了。

但在第二年，马克思就接到了从英国寄来的文章，也是恩格斯写的。恩格斯在英国加入了宪章派，深入工人群众，调查英国工人遭受的苦难，了解他们的愿望，写出了《政治经济批判大纲》，以后又寄来《英国工人阶级状况》。马克思在恩格斯的著作中，发现他的观点跟自己的非常相似，当初是自己误解了恩格斯。他立即把两篇文章收入了自己编的《德法年鉴》。

1844年，恩格斯借回国的机会，到巴黎再一次拜访马克思。两人一见面，便紧紧握手，接着紧紧拥抱，像一对久违的朋友。

当晚，马克思约恩格斯到咖啡馆，把法国工人运动的领袖介绍给他。接着10天中，他们促膝相谈，加深了相互的了解。当马克思说起自己当年认为恩格斯也是个"自由人"时，两人不禁相对莞尔，接着约定共同撰写一本《神圣家族》，合作批判"自由人"荒谬的论点。

两人志同道合，结下了深厚的友谊。看来，要成为真正的朋友，必须建立在相同的奋斗目标之上，否则，友谊不会地久天长。

这以后，马克思和恩格斯并肩奋斗了数十年，一同发表《共产党宣言》，一同组织革命队伍。马克思逝世后，恩格斯除了继续领导革命队伍，继承马克思未完成的事业外，还替他整理遗稿，出齐了《资本论》的第二、第三卷。

这才是最伟大的友谊。

·数学家代人受过·

伯特兰·罗素（1872—1970年），英国著名的哲学家、数学家，20世纪西方思想界名人，和平主义思想家。

1914年，欧洲大陆爆发了第一次世界大战。一时间，战火弥漫，硝烟冲天，无数生命被枪炮夺去生命。好不容易发展的科学技术，变成了屠杀生灵的利器。

参战的国家千方百计纠集队伍，聚敛资财，把整个国家的经济，押进了无休无止的战事中去。人民的生活水平，在战时降到了最低点。而这一切，都是因为少数统治者分赃不均，造成的矛盾冲突无法调和造成的。

各国的有识之士联合起来，反对这种不义的战争。在英国诞生了一个"不应征联谊会"．其中就有著名的数学家伯特兰·罗素。

罗素出生在英国一个最古老、最有名望的贵族家庭，这以前又是终日沉湎于数学领域的著名学者，为什么会奋不顾身地站到反战的队伍中去呢？罗素回答，他是个和平主义者，反对战争。战争只会带来灾难，阻碍社会和科学的进步，只有在和平的条件下，人类才会得到真正的自由和幸福。

英国政府看到反战运动风起云涌，许多知名人物都站到了自己的对立面，便挥动战时法令的大棒，宣布凡是拒绝服兵役的年轻人，一律处以两年的苦役。

"不应征联谊会"作了针锋相对的斗争，一时间，英伦三岛上，各个大城市里，抗议这个法令的传单漫天飞舞，弄得英国政府手忙脚乱，出动大批军警收缴传单，逮捕散发传单的人，声称要依法处罚那些胆大妄为之徒，以正法令。

第二天，罗素就站到了关押被捕者的监狱前。他说："传单是我写的。你们要抓就抓我，把他们放了，他们是无辜的。"罗素立即被押到了战时法庭上。

战时法庭的法官们知道罗素参加了"不应征联谊会"，写反战的传单是可能的。但他毕竟是位社会名流，便装模作样地问他："你写了传单？都写了哪些内容？"罗素趁机在法庭上发表反战演说，把法官们弄得十分尴尬，急忙下令他"停止煽动"，判他有罪，处以监禁两个月，或者罚款100英镑。

罗素的朋友们替他凑满100英镑，到监狱接他。走出牢门，一位也在"不应征联谊会"的朋友凑到他身边问："我知道，那批传单根本不是你写的，为什么干这种傻事，去代人受过呢？"

罗素回头瞧了瞧身边的人群，坦然回答："反对战争要靠大家，假如只关我一个，解放更多的人，反战力量就会更强大。去承担责任，值得。"

牢狱之苦是免了。罗素从监狱出来以后，牛津大学在政府的压力之下，解除了他在"三一学院"的研究员工作，连走上讲台的职务也撸了个精光。不让他研究数学，不让他上课，罗素成了真正的"自由人"。

罗素十分坦然，他说，当了自由人好，我有更多的时间去反对罪恶的战争。此后，他又一次被捕，这一次政府没有给他罚款的机会，关了他六个月。

不给他机会，反而促成了他另一个机遇。当他在第一次世界大战结束时，又一次踏出牢门的时候，带出来一本著作《数理哲学引论》。在监狱里，他倒更有时间研究自己热爱的数学了。

·人类的良知·

萨特（1905—1980年），法国著名的哲学家、作家、思想家。他的存在主义哲学体系为西方广大人群接受，他被称为20世纪人类良知的代表。

20世纪整整一百年中，人类经受了最深重的灾难。世界动荡不安，风云变幻。两次世界大战，夺去亿万人的生命。战后不断的局部战乱，让世界从未得到过安宁。失业、贫穷、经济危机，困扰着绝大多数人的生存。这一切的一切，都让人感到，这世界是多么荒谬。

但是，作为客观存在的人类，有着自己的良知，会做出正确的选择，进行独特的创造。他们之中的佼佼者，便代表着全人类的良知。萨特就是这样的人。

那是1939年，第二次世界大战爆发，法西斯的铁蹄，已经叩响法国的大门，政府发出了征兵的命令，号召全体公民，拿起枪来，保卫自己的祖国。

萨特做出了自己正确的选择，扔下教鞭，投笔从戎。其实，他完全可以不上前线。萨特自幼身体孱弱，右眼很早就失明了，左眼还有斜视的病症。但是，是良知驱使着他毅然参加了军队。

但是法国很快就被德国法西斯占领了。他沦为战俘，被关了一年。

从战俘营出来，萨特立即投入了地下抗战小组，后来又成为全国阵线领导人、全国作家委员会成员，为地下刊物写稿，一直斗争到反法西斯战争取得最后胜利。

第二次世界大战结束了，战争的阴云却未消散。人类继续面临信任危机、科学危机，世界依然是那么荒谬。萨特也悲观，却不绝望，他一次次用良知扫视世界，做出了一个又一个独特的创造。他的存在主义哲学的核心，便是要干预人生、干预社会。

第二次世界大战结束后，考验法国人的第一桩大事，是如何对待阿尔及利亚的民族解放运动。阿尔及利亚原来是法国的殖民地，有少许人无法客观地看待一切，让狭隘的思想蒙住了双眼。但是，萨特不是这样，他坚定地站到阿尔及利亚抵抗运动一边，反对法国继续实行殖民主义统治。人类的良心经受了严峻的考验。

到了20世纪60年代，古巴、越南又爆发了局部战争，弱小的民族被蹂躏欺压。萨特又一次做出了正确的选择，他坚决支持古巴人民，反对越战。

当时，世界爱好和平的人士，曾经组织过一个跨国的"战犯审判法庭"，在道义上审判发动战争的"战犯"。萨特担任了这个法庭的庭长，义正辞严地对不义战争进行了审判。

1964年，由于萨特在文学上、思想上卓越的贡献，瑞典皇家学院做出决定，把当年的诺贝尔文学奖授予他。这是每一位作家梦寐以求的殊荣，好多人都对他表示了祝贺。但萨特立即声明，拒绝接受当年的诺贝尔文学奖。

萨特的选择是独特的，他说："如果我接受了诺贝尔奖金，或许就等于被收买了。"这是萨特的一贯立场，自己不能为他人而存在。他不要任何头衔，不要桂冠。

为荒谬的世界悲哀，以独特的选择和创造为人类做出贡献，保持独立不要表彰。这就是萨特，这就是人类的良知。